AS REGRAS DO MÉTODO SOCIOLÓGICO

BIBLIOTECA UNIVERSITÁRIA

Série 2.ª — Ciências Sociais

Volume 44

Dados Internacionais de Catalogação na Publicação (CIP)
(Câmara Brasileira do Livro, SP, Brasil)

Durkheim, Émile, 1858-1917.
As regras do método sociológico / Émile Durkheim ; [tradução de Maria Isaura Pereira de Queiroz]. -- 17. ed. -- São Paulo : Companhia Editora Nacional, 2002. -- (Biblioteca universitária. Série 2. Ciências sociais ; v. 44)

Título original: Les règles de la méthode sociologique
Bibliografia.
ISBN 85-04-00226-8

1. Sociologia - Metodologia I. Título. II. Série.

02-0348 CDD-301.018

Índices para catálogo sistemático:

1. Metodologia : Sociologia 301.018
2. Métodos sociológicos 301.018

ÉMILE DURKHEIM

As Regras do Método Sociológico

Tradução de

MARIA ISAURA PEREIRA DE QUEIROZ

(Do Departamento de Ciências Sociais da Faculdade de Filosofia, Letras e Ciências Humanas da Universidade de São Paulo)

17ª Edição

COMPANHIA EDITORA NACIONAL

Do original francês:
Les règles de la méthode sociologique

publicado na
"BIBLIOTHÈQUE DE PHILOSOPHIE CONTEMPORAINE"
das
Presses Universitaires de France, Paris

capa
SILVIA E HANIEL

COMPANHIA EDITORA NACIONAL

Distribuição e promoção

Rua Joli, 294 — Fones: 291-2355 / 6099-7799 (PABX)

Caixa Postal 1784 — CEP 03016-020 — São Paulo, SP — Brasil

2002

Impresso no Brasil

ÍNDICE

dividuais. Importância do fato da associação, que dá origem a um novo ser, e a uma nova ordem de realidade. Solução de continuidade entre a sociologia e a psicologia, análoga à que separa a biologia das ciências físico-químicas.

Possibilidade da aplicação desta proposição à formação da sociedade.

Relação positiva dos fatos psíquicos e dos fatos sociais.

Os primeiros são a matéria indeterminada que o fator social transforma: exemplo. Se os sociólogos lhes atribuíram um papel mais direto na gênese da vida social, foi porque tomaram por fatos puramente psíquicos estados de consciência que não passam de fenômenos sociais transformados.

Outras provas em apoio desta mesma proposição: 1) Independência dos fatos sociais com relação ao fator étnico, o qual é de ordem organo-psíquica; 2) a evolução social não é explicável por causas puramente psíquicas. Enunciado de regras a este respeito. É porque as regras são deixadas de lado que as explicações sociológicas tomam um caráter muito geral que as desacredita. Necessidade de uma cultura propriamente sociológica.

III — Importância primária dos fatos de morfologia social nas explicações sociológicas: o meio interno é a origem de todo processo social de alguma importância. Papel particularmente preponderante do elemento humano neste meio. O problema sociológico consiste então, principalmente, em encontrar as propriedades deste meio que podem desempenhar ação mais forte sobre os fenômenos sociais. Duas espécies de caracteres correspondem em particular a esta condição: o volume da sociedade e a densidade dinâmica, medida pelo grau de coalescência dos segmentos. Os meios internos secundários; sua relação com o meio geral e com o detalhe da vida coletiva. Importância desta noção de meio social. Se a rejeitarmos, a sociologia não pode mais estabelecer relações de causalidade, mas somente relações de sucessão, não comportando a previsão científica; exemplos tomados a COMTE, a SPENCER. Importância desta mesma noção para explicar como o valor útil das práticas sociais pode variar sem depender de arranjos arbitrários. Relação desta questão com a questão dos tipos sociais.

A vida social, concebida assim, depende de causas internas.

IV — Caráter geral desta concepção sociológica. Para HOBBES, a ligação entre o psíquico e o social é sintética e artificial; para SPENCER e para os economistas, é natural, mas é analítica; para nós, é natural e sintética. De que modo conciliar estes dois caracteres. Conseqüências gerais que daí resultam.

I — O método comparativo, ou experimentação indireta, é o método de prova em sociologia. Inutilidade do método chamado por COMTE de histórico. Respostas às objeções de STUART MILL

PREFÁCIO DA PRIMEIRA EDIÇÃO

O TRATAMENTO científico dos fatos sociais é tão pouco habitual que algumas das proposições contidas neste livro (*) correm o risco de surpreender o leitor. Todavia, se existe uma ciência das sociedades, é de esperar que ela não se limite a ser paráfrase de preconceitos tradicionais, e, sim, que mostre as coisas de maneira diferente da encarada pelo vulgo; pois o objetivo de toda ciência é descobrir, e toda descoberta desconcerta mais ou menos as opiniões formadas. É preciso que o sociólogo tome resolutamente o partido de não se intimidar com os resultados alcançados pelas pesquisas, quando metodicamente conduzidas, a menos que, em sociologia, se conceda ao senso comum uma autoridade de que há muito tempo não goza nas outras ciências e que aliás não vemos de onde lhe poderia provir. Se é próprio de um sofista buscar o paradoxo, fugir dele quando imposto pelos fatos indica um espírito sem coragem e sem fé na ciência.

Infelizmente, esta regra, fácil de admitir em princípio e teoria, é difícil de ser seguida com perseverança. Ainda estamos por demais acostumados a decidir todas as questões de acordo com o senso comum para que possamos mantê-lo facilmente a distância nas discussões sociológicas. Quando nos julgamos livres, ei-lo que impõe seus julgamentos sem que percebamos. Somente uma prática longa e especial pode evitar tais

(*) A primeira edição foi publicada em 1895. (N. da T.).

desfalecimentos. Por isso pedimos ao leitor que não perca de vista estas observações. As maneiras de pensar mais habituais são antes contrárias do que favoráveis ao estudo científico dos fenômenos sociais e, por conseguinte, é preciso desconfiar sempre das primeiras impressões, — eis o preceito que sempre se deve ter em mente. O leitor que se abandona sem resistência às primeiras impressões, corre o risco de formar uma opinião sem nos compreender. Por exemplo, o fato de encararmos o crime como fenômeno normal em sociologia, pode servir de pretexto para que nos acusem de querer desculpá-lo. Esta objeção, no entanto, é pueril. Pois se é normal que em toda sociedade haja crimes, não é menos normal que sejam sempre punidos. A instituição de um sistema repressivo constitui fato não menos universal nem menos indispensável à saúde coletiva do que a existência da criminalidade. Para que não existissem crimes, seria preciso um nivelamento das consciências individuais que, por razões que são explicadas mais adiante, nem é possível nem desejável; mas para que a repressão não existisse, seria necessária uma ausência de homogeneidade moral que é inconciliável com a existência de uma sociedade. Todavia, partindo da constatação de que o crime é detestado e detestável, o senso comum logo conclui erradamente que ele deveria desaparecer por completo. Com o simplismo que lhe é peculiar, não compreende — como se nisso houvesse contradição — que algo de repugnante pode também ter alguma utilidade. Acaso não existem no organismo funções repugnantes cujo funcionamento regular é necessário à saúde individual? E não detestamos também o sofrimento, muito embora alguém que nunca tenha sofrido seja um monstro? O caráter normal de uma coisa e os sentimentos de repulsa que inspira podem até ser solidários. A dor só é fato normal sob a condição de não ser querida; e o crime, para ser normal, deve necessariamente ser odiado (1). Nosso método nada tem, pois, de revolucionário. Num certo

(1) Mas, podem objetar, se a saúde contém elementos odiosos, é possível então apresentá-la como o objetivo imediato da conduta, como o fazemos mais adiante? Não há nisso nenhuma contradição. Vemos continuamente coisas que, nocivas por algumas de suas conseqüências, são, de outra parte, úteis e mesmo necessárias à vida; ora, se os maus efeitos são regularmente neutralizados por influências contrárias, ela

sentido é até essencialmente conservador, pois considera os fatos sociais como coisas cuja natureza não é passível de modificação fácil, por mais dúctil e maleável que seja. Muito mais perigosa é a doutrina que não encara esses fatos senão como produto de combinações mentais, que um simples artifício dialético pode, instantaneamente, transformar por completo!

Dado o hábito existente de representar a vida social como o desenvolvimento lógico de conceitos ideais, não é impossível, outrossim, que sejamos acoimados de materialistas, nem que se acuse de grosseiro um método que torna a evolução coletiva dependente de combinações objetivas, definidas no espaço. Poderíamos com maior justiça reivindicar a qualificação contrária. A idéia de que os fenômenos psíquicos não podem ser derivados diretamente dos fenômenos orgânicos não constitui efetivamente a essência do espiritualismo? Ora, nosso método não é, em parte, senão uma aplicação destes princípios aos fatos sociais. Separamos o reino psicológico do reino social, do mesmo modo que os espiritualistas separam o reino psicológico do biológico; como eles, recusamos explicar o mais complexo pelo mais simples. Na verdade, porém, nem uma nem outra apelação nos convêm exatamente; a única que aceitamos é a de *racionalistas*. Estender à conduta humana o racionalismo científico é, realmente, nosso principal objetivo, fazendo ver que, se a analisarmos no passado, chegaremos a reduzi-la a relações de causa e efeito; em seguida, uma operação não menos racional a poderá transformar em regras de ação para o futuro. Aquilo que foi chamado de nosso positivismo (1), não é senão conseqüência deste racionalismo. Só nos sentimos tentados a ultrapassar os fatos, seja quando os explicamos, seja quando dirigimos seu

---

serve realmente sem prejudicar; e, no entanto, continua a ser sempre odiosa, pois não deixa de constituir, em si mesma, um perigo eventual, conjurado somente graças à ação de uma força antagônica. É o caso do crime; o prejuízo que causa à sociedade é anulado pelo castigo, se este funcionar regularmente. De onde se depreende que o crime mantém relações positivas com as condições fundamentais da vida, como veremos mais tarde, sem produzir o mal nele implícito. Porém, como é por assim dizer à sua revelia que é tornado inofensivo, os sentimentos de aversão de que é objeto não deixam de ter seu fundamento.

(1) O que equivale a dizer que não deve ser confundido com a metafísica positiva de COMTE e de SPENCER.

curso, na medida em que os julgamos irracionais. Se são inteiramente inteligíveis, então bastam eles próprios à ciência e à prática: à ciência, pois não há mais motivo para, fora deles, buscar sua razão de ser; à prática, pois seu valor utilitário constitui uma destas razões de ser. Parece-nos, pois, que principalmente nesta época de renascente misticismo tal empreendimento pode e deve ser acolhido sem inquietação e até com simpatia por todos os que, mesmo não concordando conosco nalguns pontos, partilham nossa fé no futuro da razão.

PREFÁCIO DA SEGUNDA EDIÇÃO

ESTE LIVRO desencadeou controvérsias bastante vivas quando apareceu pela primeira vez. As idéias correntes, como que desconcertadas, resistiram primeiramente com tal energia que durante algum tempo nos foi quase impossível fazer-nos ouvir. Opiniões que nada tinham de comum com as nossas nos foram gratuitamente emprestadas, mesmo naqueles pontos sobre os quais nos tínhamos manifestado de maneira a mais explícita; e, ao refutá-las, acreditavam muitos estudiosos que estavam a refutar-nos. Fomos tachados de realismo e ontologismo, embora tivéssemos declarado inúmeras vezes que a consciência, tanto individual quanto social, não constituía para nós nada de concreto e sim somente um conjunto mais ou menos sistematizado de fenômenos *sui generis*. Embora dizendo e repetindo, expressamente e por todos os modos, que a vida social era toda feita de representações, fomos acusados de eliminar da sociologia o elemento mental. Houve mesmo quem chegasse a restaurar contra nós processos de discussão que acreditávamos desaparecidos definitivamente. Com efeito, a pretexto de que estavam "conformes com os nossos princípios", imputaram-nos certas opiniões que não tínhamos sustentado. A experiência, todavia, tinha mostrado já todos os perigos deste método de crítica que, permitindo reconstruir arbitrariamente os sistemas em causa, permite também deles triunfar sem esforço.

Podemos afirmar sem engano que, em seguida, as resistências foram progressivamente fraquejando. Sem dúvida, mais de uma de nossas proposições ainda continua sendo contestada.

Mas nem nos poderíamos espantar, nem nos queixar destas contestações salutares; nossas fórmulas estão, é claro, destinadas a ser reformadas no futuro. Resumo de uma experiência pessoal e forçosamente restrita, deverão necessariamente evoluir à medida que se for adquirindo uma prática mais extensa e mais aprofundada da realidade social. Além disso, com relação ao método, nunca se pode fazer mais do que algo provisório, pois ele se modifica à medida que a ciência avança. Não se pode negar que, nestes últimos anos, a causa da sociologia objetiva, específica e metódica, veio ganhando terreno sem interrupção, a despeito das oposições. A fundação de *Année Sociologique* contribuiu muito, certamente, para que tal resultado fosse alcançado. Abarcando ao mesmo tempo todo o campo de tal ciência, esta publicação pôde, ainda mais do que trabalhos especiais, despertar o sentimento de tudo em que a sociologia pode e deve se tornar. Viu-se, então, que ela não estava condenada a permanecer como um ramo da filosofia geral, e que podia entrar em contacto com o detalhe dos fatos sem degenerar em erudição pura. Nunca poderíamos, por isso, render suficiente homenagem ao ardor e dedicação de nossos colaboradores; foi graças a eles que tal demonstração, feita através dos fatos, pôde ser tentada e pode prosseguir.

Todavia, embora os progressos sejam reais, é incontestável que os enganos e as confusões passadas não se dissiparam ainda inteiramente. Eis porque desejamos aproveitar esta segunda edição para acrescentar algumas explicações a todas que já formulamos, para responder a certas críticas e para trazer novas precisões a certos pontos.

I

Os fatos sociais devem ser tratados como coisas — eis a proposição fundamental de nosso método, e a que mais tem provocado contradições. Esta assimilação que fazemos, das realidades do mundo social às realidades do mundo exterior, foi interpretada como paradoxal e escandalosa. Estabeleceu-se singular confusão a respeito do sentido e da extensão desta assimilação; seu objetivo não é rebaixar formas superiores às formas inferiores do ser, e sim, ao contrário, reivindicar para as primeiras um grau de realidade pelo menos igual ao que todos reconhecem como apanágio das segundas. Com efeito, não afirmamos que os fatos sociais sejam coisas materiais, e sim que constituem coisas tais como as coisas materiais, embora de maneira diferente.

Com efeito, que é coisa? A coisa se opõe à idéia como se opõe entre si tudo o que conhecemos a partir do exterior e tudo o que conhecemos a partir do interior. É coisa todo objeto do conhecimento que a inteligência não penetra de maneira natural, tudo aquilo de que não podemos formular uma noção adequada por simples processo de análise mental, tudo o que o espírito não pode chegar a compreender senão sob condição de sair de si mesmo, por meio da observação e da experimentação, passando progressivamente dos caracteres mais exteriores e mais imediatamente acessíveis para os menos visíveis e mais profundos. Tratar fatos de uma certa ordem como coisas não é, pois, classificá-los nesta ou naquela categoria do real; é observar, com relação a eles, certa atitude mental. Seu estudo deve ser abordado a partir do princípio de que se ignora completamente o que são, e de que suas propriedades características, assim como as causas desconhecidas de que estas dependem, não podem ser descobertas nem mesmo pela mais atenta das introspecções.

Assim definidos os termos, nossa proposição, se ainda hoje não fosse tão mal compreendida pelas ciências que tratam do homem e, em particular, pela sociologia, poderia quase passar por um truísmo, em lugar de constituir um paradoxo. Com efeito, de acordo com este ponto de vista, pode-se afirmar que, com exceção talvez dos objetos matemáticos, todo objeto de ciência é coisa; pois, quanto àqueles, uma vez que nós mesmos os construímos, dos mais simples aos mais complexos, é suficiente olhar para dentro de nós e analisar inteiramente o processo mental de que resultam para saber o que são. Os fatos propriamente ditos, porém, constituem para nós, necessariamente, algo de desconhecido, no momento em que empreendemos delinear-lhes a ciência; são *coisas* ignoradas, pois as representações que podem ser formuladas no decorrer da vida, tendo sido efetuadas sem método e sem crítica, estão destituídas de valor científico e devem ser afastadas. Os próprios fatos da psicologia individual apresentam este caráter e devem ser considerados sob o mesmo aspecto. Com efeito, a consciência que deles temos não lhes revela nem a natureza interna nem a gênese, embora nos sejam interiores por definição. A consciência só permite realmente conhecê-los até certo ponto, mas apenas como conhecemos as sensações produzidas pelo calor, pela luz, pelo som ou pela eletricidade; são impressões confusas, passageiras, subjetivas, e não noções claras, distintas, conceitos explicativos. E é precisamente por esta razão que se formou, no decorrer deste século, uma psicologia objetiva cuja regra fundamental é estudar os fatos mentais a partir do exterior, isto é, como coisas. O mesmo pode ser dito dos fatos sociais, e com maior razão ainda; pois a consciência não seria mais competente para conhecê-los do que para conhecer sua própria vida (1). Poder-se-á objetar que, para saber o que neles pusemos e como os formamos, uma vez que são obra nossa, basta tomar consciência de nós mesmos. Todavia, em primeiro lugar, herdamos já feitas pelas gerações anteriores a maior parte das instituições sociais; como não participamos de modo nenhum em sua formação, não é nos interrogando que poderemos descobrir as causas que as fizeram nascer. E mais ainda, mesmo colaborando em sua gênese, só vislumbramos da maneira a mais vaga e confusa, e geralmente a mais inexata até, a natureza de nossa ação, as razões verdadeiras que nos determinaram a agir. Conhecemos muito mal os objetivos relativamente simples que nos guiam, mesmo quando se trata apenas de nossos empreendimentos particulares; acreditamos agir desinteressadamente e o fazemos de maneira egoísta; acreditamos obedecer ao ódio, e cedemos ao amor; cremos obedecer à razão e somos escravos de preconceitos irrefletidos, etc. Como poderíamos, então, discernir com clareza maior as causas muito mais complexas de que procedem os empreendimentos da coletividade? Pois cada um de nós não participa senão em ínfima parte nesses empreendimentos; possuímos uma multidão de colaboradores e escapa-nos o que se passa nas outras consciências.

---

(1) Vê-se que, para aceitar esta proposição, não é necessário afirmar que a vida social seja feita de algo mais do que de representações; basta formular que as representações individuais ou coletivas não podem ser estudadas cientificamente senão sob a condição de serem estudadas objetivamente.

Nossa regra não implica, pois, nenhuma concepção metafísica, nenhuma especulação a respeito do que há no mais profundo do ser. O que reclama do sociólogo é que se coloque num estado de espírito semelhante ao dos físicos, químicos, fisiologistas, quando se aventuram numa região ainda inexplorada de seu domínio científico. É necessário que, ao penetrar no mundo social, tenha ele consciência de que penetra no desconhecido; é necessário que se sinta em presença de fatos cujas leis são tão desconhecidas quanto o eram as da existência antes da constituição da biologia; é preciso que se mantenha pronto a fazer descobertas que hão de surpreendê-lo e desconcertá-lo. Ora, estamos longe de ver a sociologia chegar a tal grau de maturidade intelectual. Enquanto o cientista, ao estudar a natureza física, tem o sentimento muito vivo das resistências que ela lhe opõe e das quais triunfa com tanto esforço, o sociólogo parece, na verdade, se mover entre coisas imediatamente transparentes ao espírito, tão grande é a facilidade com que o vemos resolver as questões mais obscuras. Não sabemos, na verdade, no estado atual da ciência, o que são as principais instituições sociais — por exemplo, o Estado ou a família, o direito de propriedade ou o contrato, a pena ou a responsabilidade; ignoramos quase completamente as causas de que dependem, as funções que desempenham, as leis de sua evolução; e somente nalguns pontos começamos a entrever alguma claridade. No entanto, basta percorrer obras de sociologia para verificar quão raro é o sentimento desta ignorância e destas dificuldades. Não somente consideram-se os sociólogos como que obrigados a dogmatizar sôbre todos os problemas ao mesmo tempo, mas acreditam também poder atingir, em poucas páginas ou em poucas frases, a própria essência dos fenômenos mais complexos. O que equivale a dizer que semelhantes teorias exprimem não os fatos que não poderiam ser esgotados com tanta rapidez, mas a prenoção que a respeito deles formulava o autor, anteriormente à pesquisa. É certo que a idéia que fazemos das práticas coletivas, do que constituem ou do que devem ser, representa um dos fatores de seu desenvolvimento. Mas esta idéia é, ela mesma, um fato que, para ser convenientemente determinado, deve também ser estudado do exterior. Pois o que importa saber não é a maneira pela qual tal pensador concebe individualmente determinada instituição, mas sim a concepção que dela formula o grupo; somente esta concepção é socialmente eficaz. Ora, ela não pode ser conhecida por simples observação interior, uma vez que não existe toda inteira em nenhum de nós; é preciso, pois, procurar alguns sinais exteriores que a tornem sensível. Ainda mais, ela não nasceu do nada; constitui um efeito de causas externas que é preciso conhecer para poder apreciar o papel que desempenhará no futuro. Por mais que se faça, é necessário voltar sempre ao mesmo método.

II

A proposição que apresenta os fenômenos sociais como exteriores aos indivíduos não foi menos vivamente discutida do que a precedente. Já nos concedem hoje, com assaz boa vontade, a existência de certo grau de heterogeneidade entre os fatos da vida individual e os da vida coletiva; pode-se mesmo dizer que um acordo, senão unânime, pelo menos muito geral, está nesse ponto em vias de se conseguir. Não existem mais quase sociólogos que neguem à sociologia toda e qualquer especificidade. Mas, porque a sociedade é composta de indivíduos (1), parece ao senso comum que a vida social não pode ter outro substrato senão a consciência individual; caso contrário, como que ficaria no ar, planando no vácuo.

Contudo, admite-se correntemente nos outros reinos da natureza aquilo que com tanta facilidade julgamos inadmissível ao se tratar dos fatos sociais. Todas as vezes que, ao se combinarem, e devido à combinação, quaisquer elementos desencadeiam fenômenos novos, não se pode deixar de conceber que estes estão contidos, não nos elementos, mas no todo formado pela referida união. A célula viva não contém senão partículas minerais, como a sociedade nada contém a não ser os indivíduos; e, no entanto, é impossível, segundo toda a evidência, que os fenômenos característicos da vida residam nos átomos de

---

(1) A proposição não é, todavia, senão parcialmente exata. Além dos indivíduos, há também coisas que são elementos integrantes da sociedade. No entanto, é verdade que nela os indivíduos são os únicos elementos ativos.

hidrogênio, de oxigênio, de carbônio e de azoto: como poderiam movimentos vitais se processar no seio de elementos inanimados? E mais ainda, como se distribuiriam as propriedades biológicas entre os elementos em questão? Tais propriedades não poderiam ser encontradas em todos os elementos igualmente, uma vez que não são estes da mesma natureza; o carbônio não é azoto, e portanto não pode revestir-lhe as mesmas propriedades, nem desempenhar o mesmo papel. Não é admissível, também, que cada aspecto da vida, cada um de seus caracteres principais se encarne num grupo diferente de átomos. A vida não se poderia decompor desta maneira; é una e, por conseguinte, não pode ter por sede senão a substância viva em sua totalidade. Ela existe no todo e não nas partes. Não são as partículas inanimadas da célula que se alimentam, se reproduzem, que vivem em suma; é a própria célula, e só a célula. O que afirmamos a respeito da vida poderia ser reproduzido para todas as sínteses possíveis. A dureza do bronze não figura nem no cobre, nem no estanho, nem no chumbo que serviram para formá-lo e que são corpos maleáveis ou flexíveis; figura na mistura por eles formada. A fluidez da água, suas propriedades alimentares ou outras, não existem nos dois gases de que se compõe, mas na substância complexa que formam ao se associarem.

Apliquemos o mesmo princípio à sociologia. Se a síntese *sui generis* que constitui toda sociedade desenvolve fenômenos novos, diferentes daqueles que se passam nas consciências solitárias (ponto cuja admissão já alcançamos), concorde-se também que a sede de tais fatos específicos é a própria sociedade que os produz, e não as partes desta, isto é, seus membros. Tais fatos são, pois, nesse sentido, exteriores às consciências individuais consideradas como tais, do mesmo modo que os caracteres distintivos da vida são exteriores às substâncias minerais que compõem o ser vivo. Não é possível reduzi-los a seus elementos sem entrar em contradição, uma vez que, por definição, neles está pressuposto algo mais do que os elementos que contêm. Eis, pois, mais uma razão pela qual também se justifica a separação que mais adiante estabelecemos entre a psicologia propriamente dita, ou ciência do indivíduo mental, e a sociologia. Os fatos sociais não diferem dos fatos psíquicos apenas em qualidades; *apresentam um substrato diferente,* não evoluem no mesmo meio, não dependem das mesmas condições. O que não quer dizer que não sejam também de certa maneira psíquicos, uma vez que todos eles consistem em maneiras de pensar e de agir. Mas os estados da consciência coletiva são de natureza diferente dos estados da consciência individual; são representações de outra espécie. A mentalidade dos grupos não é a mesma dos particulares; tem suas leis próprias. Desse modo, sejam quais forem as relações que possam existir entre elas, são ambas as ciências tão nitidamente distintas quanto é possível que o sejam.

Há, porém, necessidade de se efetuar uma distinção neste ponto, que poderá trazer algum esclarecimento ao debate.

Parece-nos inteiramente evidente que a *matéria* da vida social não é possível de se explicar por fatores puramente psicológicos, isto é, por estados individuais de consciência. Com efeito, o que as representações coletivas traduzem é a maneira pela qual o grupo se enxerga a si mesmo nas relações com os objetos que o afetam. Ora, o grupo está constituído de maneira diferente do indivíduo, e as coisas que o afetam são de outra natureza. Representações que não exprimem nem os mesmos sujeitos, nem os mesmos objetos, não poderiam depender das mesmas causas. Para compreender a maneira pela qual a sociedade se vê a si mesma e ao mundo que a rodeia, é preciso considerar a natureza da sociedade, e não a dos indivíduos. Os símbolos através dos quais ela se encara, mudam conforme o que ela é. Se, por exemplo, ela se concebe como proveniente de um animal epônimo, é porque forma um desses grupos especiais chamados clãs. Nos grupos em que o animal foi substituído por um ancestral humano, porém mítico também, o que houve foi que o clã mudou de natureza. Se, acima das divindades locais ou familiares, a sociedade imagina outras das quais crê depender, é porque os grupos locais de que se compõe tendem a se concentrar e a se unificar; o grau de unidade apresentado por um panteão religioso corresponde ao grau de unidade atingido nesse mesmo momento pela sociedade. Se ela condena certos modos de comportamento, é porque estes ferem alguns de seus sentimentos fundamentais; e tais sentimentos estão presos à sua constituição, como se prendem os do indivíduo ao seu temperamento físico e à sua organização mental.

Assim, ainda quando a psicologia individual não tivesse mais segredos para nós, ela não saberia fornecer-nos a solução de nenhum desses problemas, uma vez que se ligam a ordens de fatos por ela ignorados.

No entanto, uma vez reconhecida a heterogeneidade, cabe perguntar se as representações individuais e as representações coletivas não se assemelham, desde que umas e outras são igualmente representações; e se, devido a tais semelhanças, certas leis abstratas não seriam comuns aos dois setores. Os mitos, as lendas populares, as concepções religiosas de toda a espécie, as crenças morais, etc., exprimem uma realidade diversa da realidade individual; mas poderia ser que a maneira pela qual se atraem ou se repelem, se agregam ou se desagregam, fosse independente de seu conteudo, ligando-se unicamente à qualidade geral de representações que ambas apresentam. Embora compostas de material muito diferente, mitos, crenças, lendas, comportar-se-iam em suas relações mútuas da mesma forma que se comportam as sensações, as imagens ou as idéias de um indivíduo. Não se pode pensar, por exemplo, que a contigüidade e a parecença, os contrastes e os antagonismos lógicos, ajam da mesma maneira, sejam quais forem as coisas representadas? Chega-se assim a conceber a possibilidade de uma psicologia inteiramente formal, que seria uma espécie de terreno comum entre a psicologia individual e a sociologia; seria este o fundamento do escrúpulo que ressentem certos espíritos em distinguir por demais nitidamente as duas ciências.

Se quiséssemos examinar rigorosamente a questão assim colocada, nenhuma solução categórica lhe seria aplicável no estado atual de nossos conhecimentos. Com efeito, tudo o que sabemos sobre a forma de se combinarem as idéias individuais se reduz a essas poucas proposições, muito gerais e muito vagas, comumente chamadas de leis de associação de idéias. E quanto às leis de ideação coletiva, a ignorância é ainda mais completa. A psicologia social, que devia ter por tarefa determiná-las, não é mais do que um termo a designar toda espécie de generalidades variadas e imprecisas, sem objeto definido. Seria necessário procurar, através da comparação dos temas míticos, das lendas e das tradições populares, dos idiomas, de que modo as representações sociais se atraem e se excluem, fusionam-se umas com as outras, ou se distinguem, etc. Ora, embora o problema mereça tentar a curiosidade dos pesquisadores, pode-se dizer que tem sido apenas abordado; e, enquanto não forem encontradas algumas dessas leis, será evidentemente impossível saber com certeza se elas repetem ou não as leis da psicologia individual.

Porém, na falta de uma certeza, é pelo menos provável que, em existindo parecença entre as duas espécies de leis, não menos marcadas devem ser as diferenças. Com efeito, parece inadmissível que a matéria de que são feitas as representações não influencie a maneira pela qual se combinam. É verdade que os psicólogos falam algumas vezes de leis de associações de idéias como se fossem as mesmas para toda a espécie de representações individuais. Mas nada é tão inverossímil quanto esta noção; as imagens não se compõem como as sensações, nem os conceitos como as imagens. Se a psicologia estivesse mais avançada, constataria sem dúvida que cada categoria de estados mentais tem leis formais que lhe são próprias. Se tal se dá, deve-se *a fortiori* esperar que, no domínio do pensamento social, as leis correspondentes sejam tão específicas quanto este próprio pensamento. Com efeito, por pouco que se tenha praticado tal ordem de fatos, é difícil não ter o sentimento desta especificidade. Não é ela, com efeito, que nos faz parecer tão estranha a maneira especial pela qual as concepções religiosas (que são antes de mais nada coletivas), se misturam ou se separam, se transformam umas nas outras, dão nascimento a compostos contraditórios que contrastam com os produtos ordinários de nosso pensamento individual? Se, como é então presumível, certas leis da mentalidade social lembram efetivamente determinadas leis estabelecidas pelos psicólogos, tal não se dá porque as primeiras sejam um simples caso particular das segundas; mas sim porque entre umas e outras, ao lado de diferenças certamente importantes existem similitudes que a abstração poderá desentranhar, e que além disso são ainda ignoradas. O que equivale a dizer que em caso algum deveria a sociologia pura e simplesmente emprestar da psicologia esta ou aquela proposição, para aplicá-la tal e qual aos fatos sociais. O pensamento coletivo todo inteiro, em sua forma e matéria, deve ser estudado em si mesmo, para si mesmo, com o sentimento da especificidade que apresenta, ficando para o futuro o cuidado de procurar em que medida se assemelha ao pensamento individual. Tanto mais que esse problema compete antes à filosofia geral e à lógica abstrata do que ao estudo científico dos fatos sociais(1).

III

Resta-nos agora dizer algumas palavras a respeito da definição que demos de fatos sociais, em nosso primeiro capítulo. Para nós, consistem eles em maneiras de fazer ou de pensar, reconhecíveis pela particularidade de serem suscetíveis de exercer influência coercitiva sobre as consciências particulares. Produziu-se neste ponto certa confusão que merece ser examinada.

O hábito de aplicar às coisas sociológicas as formas do pensamento filosófico está tão entranhado, que esta definição preliminar tem sido muitas vezes encarada como uma espécie de filosofia do fato social. Houve quem dissesse que explicávamos os fenômenos sociais pela coerção, assim como Tarde os explica pela imitação. Não abrigamos tal ambição, e nem mesmo nos tinha vindo ao espírito que nos pudesse ser atribuída, tanto é contrária ao nosso método. O propósito não era antecipar as conclusões da ciência por meio de um ponto de vista filosófico, mas simplesmente indicar quais os sinais exteriores que permitem reconhecer os fatos de que a sociologia deve tratar, a fim de que o cientista saiba percebê-los ali onde se encontram e não os confunda com outros. Tratava-se de delimitar tanto quanto possível o campo da pesquisa, e não de se emaranhar numa espécie de intuição exaustiva. Assim, aceitamos de muito bom grado a crítica de que tal definição não exprime todos os caracteres do fato social e, por conseguinte, não constitui a única definição possível. De fato, concebe-se perfeitamente que o fato social possa ser caracterizado de várias maneiras diferentes; pois não há razão para que apre-

---

(1) É inútil mostrar como, desse ponto de vista, a necessidade de estudar os fatos sociais a partir do exterior parece ainda mais evidente, uma vez que resultam de sínteses que têm lugar fora de nós, a respeito das quais não temos nem mesmo a percepção confusa que a consciência dos fenômenos interiores nos pode dar.

sente apenas uma propriedade distintiva (1). O que importa, é escolher aquela que parece melhor ajustada ao objetivo proposto. É até mesmo possível empregar vários critérios concorrentes, de acordo com as circunstâncias. Nós mesmos reconhecemos que, em sociologia, isso é volta e meia necessário; pois existem casos em que o caráter da coerção não é facilmente reconhecível. (Ver pág. 12.) É preciso somente, uma vez que se trata de definição inicial, que os caracteres utilizados sejam imediatamente discerníveis e possam ser percebidos antes da pesquisa. Ora, as definições que têm sido algumas vezes opostas à nossa não apresentam esta condição. Já se disse, por exemplo, que o fato social "é tudo o que se produz na sociedade", ou ainda "o que interessa e afeta de algum modo o grupo social". Mas não se poderá saber se a sociedade é ou não a causa de um fato, se tal fato tem efeitos sociais, senão quando a ciência já estiver avançada. Tais definições não serviriam, pois, para determinar o objeto de uma investigação que começa a se processar. Para que seja possível utilizá-las, é preciso que o estudo dos fatos sociais já esteja bem avançado e, por conseguinte, que se tenha descoberto qualquer outro meio prévio de reconhecê-los, onde quer que existam.

Enquanto uns achavam nossa definição muito restrita, acusaram-na outros de ser muito ampla e de compreender quase todo o real. Todo meio físico, afirmam efetivamente alguns dos críticos, exerce coerção sobre os seres que sofrem sua ação; pois estes são obrigados, em certa medida, a se

---

(1) O poder coercitivo que lhe atribuímos forma até parte tão pequena do todo constituído pelo fato social, que ele pode apresentar também o caráter oposto. Pois, ao mesmo tempo que as instituições se impõem a nós, aderimos a elas; elas comandam e nós as queremos; elas nos constrangem e nós encontramos vantagem em seu funcionamento e no próprio constrangimento. Esta antítese é a que os moralistas têm comumente assinalado entre as duas noções do bem e do dever, que exprimem dois aspectos diferentes, mas igualmente reais, da vida moral. Ora, talvez não existam práticas coletivas que deixem de exercer sobre nós esta ação dupla, a qual, além do mais, não é contraditória senão na aparência. Se não as definimos por este lado especial, ao mesmo tempo interessado e desinteressado, é simplesmente porque ele não se manifesta por sinais exteriores fàcilmente perceptíveis. O bem traz qualquer coisa de mais interno, de mais íntimo do que o dever, e portanto de menos apreensível.

adaptarem a ele. Mas entre estes dois tipos de constrangimento está toda a diferença que separa o meio físico do meio moral. A pressão exercida por um ou por vários corpos sobre outros corpos, ou mesmo sobre as vontades, não pode ser confundida com a que exerce a consciência de um grupo sobre a consciência de seus membros. A coerção social é devida, não à rigidez de certos arranjos moleculares, e sim ao prestígio de que estão investidas certas representações: nisto está o que apresentam de inteiramente especial. É verdade que, a certos respeitos, os hábitos individuais ou hereditários apresentam essa mesma propriedade: dominam-nos, impõem-nos crenças ou práticas. Todavia, a dominação é interior; pois os hábitos existem todos inteiros em cada um de nós. Ao contrário, as crenças e práticas sociais agem sobre nós a partir do exterior: assim, a ascendência exercida por uns e outros é, no fundo, muito diferente.

Além disso, não é de espantar que os outros fenômenos da natureza apresentem, sob formas diferentes, o próprio caráter por meio do qual definimos os sociais. A similitude provém simplesmente de serem uns e outros coisas reais. Pois tudo o que é real tem uma natureza definida que se impõe, com a qual é preciso contar, e que, mesmo quando se consegue neutralizar, não fica nunca inteiramente vencida. No fundo, na noção de coerção social, isto é que é essencial. Pois tudo o que está implicado nesta noção é que as maneiras coletivas de agir ou de pensar apresentam uma realidade exterior aos indivíduos, os quais, a cada momento do tempo, com elas se conformam. Constituem coisas que têm existência própria. O indivíduo encontra-as inteiramente formadas e não consegue impedi-las de existir, não sendo também capaz de fazê-las existir de maneira diversa daquela sob a qual se apresentam; vê-se, pois, inteiramente obrigado a levá-las em consideração e é-lhe tanto mais difícil (não diremos impossível) modificá-las quanto, em graus diferentes, participam elas da supremacia material e moral que a sociedade tem sobre os membros. Não há dúvida de que o indivíduo desempenha um papel na gênese destes fatos. Mas, para que exista o fato social, é preciso que pelo menos vários indivíduos tenham misturado suas ações, e que desta combinação se tenha desprendido um produto novo. E como esta síntese tem lugar fora de cada um de nós (uma vez que para ela concorre uma pluralidade de consciências), seu efeito é necessariamente fixar, instituir certas maneiras de agir e certos julgamentos que existem fora de nós e que não dependem de cada vontade particular tomada à parte. Como se sabe (1), existe um termo que exprime razoàvelmente esta maneira de ser muito especial, uma vez ampliado um pouco seu significado habitual: é o têrmo instituição. Com efeito, pode-se chamar instituição toda a crença, todo o comportamento instituído pela coletividade, sem desnaturar o sentido da expressão; a sociologia seria então definida como a ciência das instituições, de sua gênese e de seu funcionamento (2).

Quanto às outras controvérsias que este trabalho suscitou, parece inútil voltar a elas, pois não se referem a nada de essencial. A orientação geral do método não depende dos processos que se prefira empregar, seja para classificar os tipos sociais, seja para distinguir o normal do patológico. Além disso, tais contestações provieram quase sempre da recusa em admitir nosso princípio fundamental, — a realidade objetiva dos fatos sociais, — ou de não admiti-lo sem reservas. É, pois, sôbre este princípio que tudo finalmente repousa, e sempre se regressa a êle. Eis porque pareceu-nos útil dar-lhe ainda uma vez relevo, desembaraçando-o de qualquer questão secundária. E estamos seguros de que, atribuindo-lhe tal preponderância, permanecemos fiéis à tradição sociológica; pois, no fundo, foi desta con-

(1) Ver o artigo "Sociologie", de Fauconnet e Mauss, na *Grande Encyclopédie.*

(2) O fato de as crenças e práticas sociais nos penetrarem do exterior não implica que as recebamos passivamente, sem lhes trazer modificações. Ao pensar as instituições coletivas, ao assimilá-las, nós as individualizamos, dando-lhes, de certa maneira, nossa marca pessoal; é assim que, ao pensar o mundo sensível, cada um de nós lhe empresta um colorido especial, e que indivíduos diferentes se adaptam de modo diferente a um mesmo meio físico. Eis porque cada um de nós formula, em certa medida, a *sua* moral, a *sua* religião, a *sua* técnica. Não existe conformismo social que não comporte toda uma gama de nuanças individuais. No entanto, o campo das variações permitidas não deixa de ser limitado. Êste campo é nulo ou muito fraco no círculo dos fenômenos religiosos e morais, nos quais a variação se torna fàcilmente crime; é mais extenso no que concerne à vida econômica. Porém, mesmo neste último caso, é encontrado, mais cedo ou mais tarde, um limite que não pode ser transposto.

cepção que se originou a sociologia toda inteira. Com efeito, esta ciência não podia nascer senão no dia em que se pressentiu que os fenômenos sociais, não sendo materiais, não deixavam por isso de ser coisas reais que comportavam estudo. Era preciso primeiro compreender que eles existem de modo definido, que apresentam uma maneira de ser constante, uma natureza que não depende do arbítrio individual e da qual derivam relações necessárias, para se chegar à idéia de que se deve procurar saber o que são. Assim, a história da sociologia não é senão um longo esforço tendo em vista aprofundar, precisar, desenvolver todas as conseqüências implícitas neste modo de pensar. Porém, apesar dos grandes progressos efetuados nesse sentido, ver-se-á, no desenrolar deste trabalho, que restam ainda inúmeras sobrevivências do postulado antropocêntrico, o qual, aqui como noutros campos, barra o caminho à ciência. Desagrada ao homem renunciar ao poder ilimitado que durante muito tempo atribuiu a si mesmo, com relação à ordem social; por outro lado, parece-lhe que, se existem realmente forças coletivas, está necessariamente condenado a sofrê-las sem poder modificá-las. Tudo isto o inclina a negá-las. Debalde lhe ensinaram experiências repetidas que tal poder absoluto (na ilusão do qual se compraz em permanecer) constituiu sempre para ele uma causa de fraqueza; que seu império sobre as coisas não começou realmente senão a partir do momento em que reconheceu que são dotadas de natureza própria, e em que se resignou a aprender, com elas, o que realmente são. Expulso de todas as outras ciências, este preconceito deplorável teimosamente se mantém na sociologia. Não há nada de mais urgente, pois, do que procurar libertar definitivamente nossa ciência de tal barreira; é este o objetivo principal de nossos esforços.

INTRODUÇÃO

POUCO SE PREOCUPARAM ATÉ HOJE os sociólogos em caracterizar e definir o método que aplicam ao estudo dos fatos sociais. É assim que, em toda a obra de SPENCER, o problema metodológico não ocupa nenhum lugar; pois a *Introduction à la science sociale,* cujo título podia dar essa ilusão, está consagrada à demonstração das dificuldades e da possibilidade da sociologia, e não à exposição dos processos de que ela se deve servir. É verdade que STUART MILL se ocupou com a questão de maneira assaz longa (1); mas não procurou senão passar no crivo de sua dialética o que COMTE dissera a respeito dessa ciência, sem nada acrescentar de verdadeiramente pessoal. Um capítulo do *Cours de Philosophie Positive,* eis o único, ou quase o único, estudo original e importante que possuímos sobre a matéria (2).

Esta aparente despreocupação nada tem, todavia, que nos surpreenda. Com efeito, os grandes sociólogos cujos nomes acabamos de lembrar não saíram das generalidades sobre a natureza das sociedades, sobre as relações entre o reino social e o reino biológico, sobre a marcha geral do progresso; a própria sociologia de SPENCER, tão desenvolvida, não tem outro objetivo senão mostrar como a lei da evolução universal se aplica às sociedades. Ora, para tratar destas questões filosóficas

---

(1) *Système de Logique,* I, VI, cap. VII-XII.
(2) Ver 2.ª ed., págs. 294-336.

não são necessários processos especiais e complexos. Era bastante então avaliar comparativamente os méritos da dedução e da indução, fazendo um levantamento sumário dos recursos mais gerais de que dispõe a investigação sociológica. Porém, as precauções a tomar com a observação dos fatos, a maneira pela qual os principais problemas devem ser colocados, o sentido em que se deve nortear as pesquisas, as práticas especiais que soem lhes permitir chegar ao fim, as regras que devem presidir à administração das provas, permaneciam indeterminadas.

Um feliz concurso de circunstâncias, à frente das quais é justo colocar o ato de iniciativa que criou em nosso favor um curso regular de sociologia na Faculdade de Letras de Bordéus, permitiu que muito cedo nos consagrássemos ao estudo da ciência social, tornando-a mesmo a matéria de nossas preocupações profissionais, fazendo-nos sair de questões muito gerais para abordar certo número de problemas particulares. Fomos, pois, levados pela própria força das coisas a formar para nós mesmos um método, que acreditamos mais preciso, adaptado de maneira mais exata à natureza particular dos fenômenos sociais. São esses resultados de nossa experiência que, em seu conjunto, desejamos expor aqui, submetendo-os à discussão. Não há dúvida de que estão implicitamente contidos no livro que publicamos recentemente, *La division du travail social.* Todavia, parece-nos que há interesse em formulá-los à parte, desligados daquele texto, acompanhados das provas pertinentes e ilustrados com exemplos tomados seja àquela obra, seja a trabalhos ainda inéditos. Poder-se-á assim julgar melhor a orientação que desejaríamos tentar imprimir aos estudos de sociologia.

CAPÍTULO I

Que é Fato Social?

ANTES DE INDAGAR qual o método que convém ao estudo dos fatos sociais, é necessário saber que fatos podem ser assim chamados.

A questão é tanto mais necessária quanto esta qualificação é utilizada sem muita precisão. Empregam-na correntemente para designar quase todos os fenômenos que se passam no interior da sociedade, por pouco que apresentem, além de certa generalidade, algum interesse social. Todavia, desse ponto de vista, não haveria por assim dizer nenhum acontecimento humano que não pudesse ser chamado de social. Cada indivíduo bebe, dorme, come, raciocina e a sociedade tem todo o interesse em que estas funções se exerçam de modo regular. Porém, se todos esses fatos fossem sociais, a sociologia não teria objeto próprio e seu domínio se confundiria com o da biologia e da psicologia.

Na verdade, porém, há em toda sociedade um grupo determinado de fenômenos com caracteres nítidos, que se distingue daqueles estudados pelas outras ciências da natureza.

Quando desempenho meus deveres de irmão, de esposo ou de cidadão, quando me desincumbo de encargos que contraí, pratico deveres que estão definidos fora de mim e de meus atos, no direito e nos costumes. Mesmo estando de acordo com sentimentos que me são próprios, sentindo-lhes interiormente a realidade, esta não deixa de ser objetiva; pois não fui eu quem os criou, mas recebi-os através da educação. Contudo, quantas vezes não ignoramos o detalhe das obrigações que nos incumbe desempenhar, e precisamos, para sabê-lo, consultar o Código e seus intérpretes autorizados! Assim também o devoto, ao nascer, encontra prontas as crenças e as práticas da vida religiosa; existindo antes dele, é porque existem fora dele. O sistema de sinais de que me sirvo para exprimir pensamentos, o sistema de moedas que emprego para pagar as dívidas, os instrumentos de crédito que utilizo nas relações comerciais, as práticas seguidas na profissão, etc., etc., funcionam independentemente do uso que delas faço. Tais afirmações podem ser estendidas a cada um dos membros de que é composta uma sociedade, tomados uns após outros. Estamos, pois, diante de maneiras de agir, de pensar e de sentir que apresentam a propriedade marcante de existir fora das consciências individuais.

Esses tipos de conduta ou de pensamento não são apenas exteriores ao indivíduo, são também dotados de um poder imperativo e coercitivo, em virtude do qual se lhe impõem, quer queira, quer não. Não há dúvida de que esta coerção não se faz sentir, ou é muito pouco sentida quando com ela me conformo de bom grado, pois então torna-se inútil. Mas não deixa de constituir caráter intrínseco de tais fatos, e a prova é que se afirma desde que tento resistir. Se experimento violar as leis do direito, estas reagem contra mim de maneira a impedir meu ato se ainda é tempo; com o fim de anulá-lo e restabelecê-lo em sua forma normal se já se realizou e é reparável; ou então para que eu o expie se não há outra possibilidade de reparação. Mas, e em se tratando de máximas puramente morais? Nesse caso, a consciência pública, pela vigilância que exerce sobre a conduta dos cidadãos e pelas penas especiais que têm a seu dispor, reprime todo ato que a ofende. Noutros casos, a coerção é menos violenta; mas não deixa de existir. Se não me submeto às convenções mundanas; se, ao me vestir, não levo em consideração os usos seguidos em meu país e na minha classe, o riso que provoco, o afastamento em que os outros me conservam, produzem, embora de maneira mais atenuada, os mesmos efeitos que uma pena propriamente dita. Noutros setores, embora a coerção seja apenas indireta, não é menos eficaz. Não estou obrigado a falar o mesmo idioma que meus compatriotas, nem a empregar as moedas legais; mas é impossível agir de outra maneira. Minha tentativa fracassaria lamentavelmente, se procurasse escapar desta necessidade. Se sou industrial, nada me proíbe de trabalhar utilizando processos e técnicas do século passado; mas, se o fizer, terei a ruína como resultado inevitável. Mesmo quando posso realmente me libertar destas regras e violá-las com sucesso, vejo-me sempre obrigado a lutar contra elas. E quando são finalmente vencidas, fazem sentir seu poderio de maneira suficientemente coercitiva pela resistência que me opuseram. Nenhum inovador, por mais feliz, deixou de ver seus empreendimentos se chocarem contra oposições deste gênero.

Estamos, pois, diante de uma ordem de fatos que apresenta caracteres muito especiais: consistem em maneiras de agir, de pensar e de sentir exteriores ao indivíduo, dotadas de um poder de coerção em virtude do qual se lhe impõem. Por conseguinte, não poderiam se confundir com os fenômenos orgânicos, pois consistem em representações e em ações; nem com os fenômenos psíquicos, que não existem senão na consciência individual e por meio dela. Constituem, pois, uma espécie nova e é a eles que deve ser dada e reservada a qualificação de *sociais*. Esta é a qualificação que lhes convém; pois é claro que, não tendo por substrato o indivíduo, não podem possuir outro que não seja a sociedade: ou a sociedade política em sua integridade, ou qualquer um dos grupos parciais que ela encerra, tais como confissões religiosas, escolas políticas e literárias, corporações profissionais, etc. Por outro lado, é apenas a eles que a apelação convém; pois a palavra social não tem sentido definido senão sob a condição de designar ùnicamente fenômenos que não se englobam em nenhuma das categorias de fatos já existentes, constituídas e nomeadas. Estes fatos são, pois o domínio próprio da sociologia. É verdade que o termo coerção, por meio do qual os definimos, corre o risco de amedrontar os zelosos partidários de um individualismo absoluto. Como professam que o indivíduo é inteiramente autônomo, parece-lhes que o diminuímos todas as vezes que fazemos sentir que não depende apenas de si próprio. Porém, já que hoje se considera incontestável que a maioria de nossas idéias e tendências não são elaboradas por nós, mas nos vêm de fora, conclui-se que não podem penetrar em nós senão através de uma imposição; eis todo o significado de nossa definição. Sabe-se, além disso, que toda coerção social não é necessariamente exclusiva com relação à personalidade individual (1).

Todavia, como todos os exemplos que acabamos de citar (regras jurídicas e morais, dogmas religiosos, sistemas financeiros, etc.) consistem todos em crenças e em práticas constituídas, poder-se-ia, de acôrdo com a precedente afirmação, acreditar que só existe fato social onde exista uma organização definida. No entanto, há outros fatos que, sem apresentar estas formas cristalizadas, têm a mesma objetividade e o mesmo ascendente sôbre o indivíduo. É o que tem sido chamado de correntes sociais. Assim, numa grande reunião, os movimentos de vivo entusiasmo, de indignação, de piedade que se produzem, não têm por origem nenhuma consciência particular. Vêm a cada um de nós do exterior e são suscetíveis de nos arrastar sem que o queiramos. É provável, sem dúvida, que, abandonandome a elas sem reservas, não sinta a pressão que exercem sobre mim. Mas aparece esta pressão desde que lute contra elas. Que um indivíduo tente se opor a uma destas manifestações coletivas, e os sentimentos que denega se voltam contra ele. Ora, se este poder de coerção externa se afirma com tal nitidez nos casos de resistência, é porque, mesmo inconsciente, existe também nos casos contrários. Vítimas de uma ilusão, acreditamos ser produto de nossa própria elaboração aquilo que nos é imposto do exterior. Contudo, a indulgência com que nos deixamos levar, se mascara a pressão sofrida, não a anula. Do mesmo modo, não deixa o ar de ser pesado, embora não lhe sintamos mais o peso. Mesmo quando há colaboração espontânea de nossa parte, para a emoção comum, a impressão que ressentimos é inteiramente diferente da que experimentaríamos se estivéssemos sòzinhos. Assim também, quando nos encontramos de novo a sos, desfeita a reunião de que participávamos, os sentimentos por que acabamos de passar produzem-nos o efeito de algo de estranho, neles não nos reconhecemos. Percebemos então que não os produzimos, antes muito pelo contrário, os sofremos. Pode acontecer que venham até a nos causar horror, tanto eram contrários à nossa natureza. É assim que

---

(1) O que não quer dizer, além do mais, que toda coerção seja normal. Voltaremos a êste ponto mais tarde.

indivíduos, em geral perfeitamente inofensivos, podem se deixar arrastar a atos de atrocidade quando reunidos em multidão. Ora, o que afirmamos a respeito destas explosões passageiras se aplica de maneira idêntica aos movimentos de opinião mais duráveis que se produzem sem cessar em torno de nós, seja em toda a extensão da sociedade, seja em círculos mais restritos, tendo por objeto assuntos religiosos, políticos, literários, artísticos, etc.

Esta definição do fato social pode, além do mais, ser confirmada por meio de uma experiência característica: basta, para tal, que se observe a maneira pela qual são educadas as crianças. Toda a educação consiste num esforço contínuo para impor às crianças maneiras de ver, de sentir e de agir às quais elas não chegariam espontaneamente, — observação que salta aos olhos todas as vezes que os fatos são encarados tais quais são e tais quais sempre foram. Desde os primeiros anos de vida, são as crianças forçadas a comer, beber, dormir em horas regulares; são constrangidas a terem hábitos higiênicos, a serem calmas e obedientes; mais tarde, obrigamo-las a aprender a pensar nos demais, a respeitar usos e conveniências, forçamo-las ao trabalho, etc., etc. Se, com o tempo, esta coerção deixa de ser sentida, é porque pouco a pouco dá lugar a hábitos, a tendências internas que a tornam inútil, mas que não a substituem senão porque dela derivam. É verdade que, segundo SPENCER, uma educação racional deveria reprovar tais procedimentos e deixar a criança agir em plena liberdade; mas como esta teoria pedagógica não foi nunca praticada por nenhum povo conhecido, não constitui senão um desiderato pessoal, não sendo fato que possa ser oposto àqueles que expusemos atrás. Ora, estes últimos se tornam particularmente instrutivos quando lembramos que a educação tem justamente por objeto formar o ser social; pode-se então perceber, como que num resumo, de que maneira este ser se constitui através da história. A pressão de todos os instantes que sofre a criança é a própria pressão do meio social tendendo a moldá-la à sua imagem, pressão de que tanto os pais quanto os mestres não são senão representantes e intermediários.

Desse modo, não pode a generalidade servir para caracterizar os fenômenos sociológicos. Um pensamento encontrado em todas as consciências particulares, um movimento que todos os indivíduos repetem, não são por isso fatos sociais. Quem se contentou com este caráter para os definir, foi porque os confundiu erradamente com o que se poderia chamar de suas encarnações individuais. Crenças, tendências, práticas do grupo tomadas coletivamente é que constituem os fatos sociais; quanto às formas que os estados coletivos revestem ao se refratar nos indivíduos, são coisas de outra espécie. As duas ordens de fatos se apresentam freqüentemente em estado de dissociação, o que demonstra categoricamente esta dualidade de natureza. Na verdade, certas maneiras de agir ou de pensar adquirem, devido à repetição, uma espécie de consistência que, por assim dizer, as precipita, as isola dos acontecimentos particulares que as refletem. Tomam então corpo, tomam uma forma sensível que lhes é própria e constituem uma realidade *sui generis,* muito distinta dos fatos individuais que a manifestam. O hábito coletivo não existe somente em estado de imanência nos atos sucessivos que determina, mas, por um privilégio de que não encontramos exemplo senão no reino biológico, é expresso uma vez por todas numa fórmula que se repete de boca em boca, que se transmite pela educação, que se fixa até mesmo por escrito. É esta a origem e a natureza das regras jurídicas e morais, dos aforismos e dos ditados populares, dos artigos de fé em que seitas religiosas ou políticas condensam suas crenças, dos códigos de gosto elaborados pelas escolas literárias, etc. Nenhuma delas é inteiramente encontrada nas aplicações levadas a efeito pelos particulares, uma vez que podem até mesmo existir sem serem realmente aplicadas.

Não há dúvida de que a dissociação não apresenta sempre a mesma nitidez. Mas é suficiente que exista de maneira incontestável nos casos importantes e numerosos que acabamos de lembrar, para provar que o fato social é distinto de suas repercussões individuais. Além disso, ainda mesmo quando a dissociação não se manifesta imediatamente à observação, é possível geralmente realizá-la com o auxílio de certos artifícios metodológicos; torna-se até indispensável proceder a esta operação, se quisermos desprender o fato social de toda contaminação, a fim de observá-lo em estado de pureza. Assim, existem certas correntes de opinião que nos impelem com intensidade desigual, segundo as épocas e os países, ao casamento, por exemplo, ao suicídio ou então a uma natalidade mais ou menos forte, etc. Tais correntes são evidentemente fatos sociais. À primeira vista, parecem inseparáveis das formas que tomam nos casos particulares. Mas a estatística oferece-nos o meio de isolá-las. São, com efeito, expressas, — e não sem exatidão, — pelas taxas de nascimento, nupcialidade, suicídios, isto é, pelo algarismo que se obtém dividindo-se o total médio anual dos casamentos, dos nascimentos, das mortes voluntárias, pelo total médio dos homens em idade de casar, de procriar, de se suicidar (1). Como cada um desses números compreende todos os casos particulares indistintamente, as circunstâncias individuais que podem desempenhar qualquer papel na produção do fenômeno se neutralizam mùtuamente e, por conseguinte, não contribuem para determiná-lo. O que cada numero exprime é um certo estado da alma coletiva.

Nisto consistem os fenômenos sociais, uma vez desembaraçados de quaisquer elementos estranhos. As manifestações privadas têm realmente algo de social também, uma vez que reproduzem em parte um modelo coletivo; mas cada uma delas depende outrossim, e em larga parte, da constituição orgânico-psíquica do indivíduo, das circunstâncias particulares em que está colocado. Não constituem, pois, fenômenos propriamente sociológicos. Estão presas aos dois reinos ao mesmo tempo; poderíamos chamá-las de sociopsíquicas. Interessam ao sociólogo, sem constituir matéria imediata da sociologia. Do mesmo modo, encontramos mesmo no interior do organismo fenômenos de natureza mista, estudados por ciências mistas como a química biológica.

Mas, poderão objetar, um fenômeno não pode ser coletivo se não for comum a todos os membros da sociedade ou, pelo menos, à maior parte deles; se não for geral, portanto. Sem dúvida; mas se ele é geral, é porque é coletivo (isto é, mais ou menos obrigatório), e está bem longe de ser coletivo por ser geral. Constitui um estado do grupo que se repete nos indivíduos porque se impõe a eles. Está bem longe de existir no todo devido ao fato de existir nas partes, mas ao contrário existe nas partes todas porque existe no todo. Tudo isto se evidencia

---

(1) Os suicídios não ocorrem em todas as idades; e, nas diferentes idades, não ocorrem com a mesma intensidade.

claramente nas crenças e práticas que nos são transmitidas já fabricadas pelas gerações anteriores; se as recebemos e adotamos é porque, sendo ao mesmo tempo obra coletiva e de séculos de existência, estão revestidas de uma autoridade particular que a educação nos ensinou a reconhecer e a respeitar. Ora, note-se que é por esta via que chega até nós a imensa maioria dos fenômenos sociais. Mas, embora o fato social seja devido, em parte, à nossa colaboração direta, sua natureza não é diferente da que acabamos de expor. O sentimento coletivo que explode numa reunião, não exprime simplesmente o que há de comum em todos os sentimentos individuais. Constitui algo de muito diferente, como já mostramos. É resultante da vida em comum, é produto das ações e reações travadas entre as consciências individuais, e é em virtude da energia especial que lhe advém precisamente de sua origem coletiva que repercute em cada uma delas. Se todos os corações vibram em uníssono, não é em conseqüência de uma concordância espontânea e preestabelecida; é porque a mesma força está a movimentá-los no mesmo sentido. Cada um é arrastado por todos.

Chegamos assim a conceber de maneira precisa qual o domínio da sociologia, o qual não engloba senão um grupo determinado de fenômenos. O fato social é reconhecível pelo poder de coerção externa que exerce ou é suscetível de exercer sobre os indivíduos; e a presença deste poder é reconhecível, por sua vez, seja pela existência de alguma sanção determinada, seja pela resistência que o fato opõe a qualquer empreendimento individual que tenda a violentá-lo. Todavia, podemos defini-lo também pela difusão que apresenta no interior do grupo, desde que, de acordo com as precedentes observações, se tenha o cuidado de acrescentar como característica segunda e essencial, que ele existe independentemente das formas individuais que toma ao se difundir. Nalguns casos, este último critério é até mesmo mais fácil de aplicar do que o anterior. Com efeito, a coerção é fácil de constatar quando ela se traduz no exterior por qualquer reação direta da sociedade, como é o caso em se tratando do direito, da moral, das crenças, dos usos, e até das modas. Mas, quando não é senão indireta, como a que exerce uma organização econômica, não se deixa observar com tanta facilidade. Generalidade e objetividade combinadas podem então ser mais fáceis de estabelecer. A segunda definição não constitui senão uma forma diferente que toma a primeira; pois o comportamento que existe exteriormente às consciências individuais só se generaliza impondo-se a estas (1).

Poder-se-ia, todavia, perguntar se esta definição é completa. Com efeito, os fatos que nos forneceram a base para ela são todos eles *modos de agir;* são de ordem fisiológica. Ora, existem também *maneiras de ser* coletivas, isto é, fatos sociais de ordem anatômica ou morfológica. A sociologia não se pode desinteressar daquilo que concerne ao substrato da vida coletiva. No entanto, o número e a natureza das partes elementares de que é composta a sociedade, a maneira pela qual estão dispostas, o grau de coalescência a que chegaram, a distribuição da população na superfície do território, o número e a natureza das vias de comunicação, a forma das habitações, etc., não parecem, a um primeiro exame, passíveis de se reduzirem a modos de agir, de sentir e de pensar.

Contudo, em primeiro lugar, apresentam estes diversos fenômenos o mesmo traço que nos serviu para definir os outros. Do mesmo modo que as maneiras de agir de que já falamos, também as maneiras de ser se impõem aos indivíduos. De fato, quando queremos conhecer como está uma sociedade dividida politicamente, como se compõem estas divisões, a fusão mais

---

(1) Vemos o quanto esta definição do fato social se afasta daquela que serve de base ao engenhoso sistema de TARDE. Primeiramente, devemos declarar que as pesquisas não nos fizeram de modo algum constatar a influência preponderante que TARDE atribui à imitação na gênese dos fatos coletivos. Além do mais, da definição precedente (que não é uma teoria, mas um simples resumo dos dados imediatos da observação) parece resultar que a imitação não exprime sempre, e nem mesmo exprime nunca, o que há de essencial e característico no fato social. Não há dúvida de que todo fato social é imitado; apresenta, como acabamos de mostrar, tendência para se generalizar, mas isto porque é social, isto é, obrigatório. Seu poder de expansão não é a causa e sim a conseqüência de seu caráter sociológico. A imitação poderia servir, se não para explicar, pelo menos para definir os fatos sociais, se ainda estes fossem os únicos a produzir esta conseqüência. Mas um estado individual que ricocheteia não deixa por isso de ser individual. E, mais ainda, podemos indagar se o têrmo imitação é realmente aquele que convém para designar uma propagação devida a uma influência coercitiva. Sob esta expressão única — imitação — confundem-se fenômenos muito diferentes que seria necessário distinguir.

ou menos completa que existe entre elas, não é com o auxílio de uma investigação material e por meio de observações geográficas que poderemos alcançá-lo; pois estas divisões são morais, ainda quando apresentam algum ponto de apoio na natureza física. É somente através do direito público que se torna possível estudar tal organização, pois é ele que a determina, assim como determina nossas relações domésticas e cívicas. Tal organização não é, pois, menos obrigatória do que outros fatos sociais. Se a população se comprime nas cidades em lugar de se dispersar nos campos, é porque existe uma corrente de opinião, uma pressão coletiva que impõe aos indivíduos esta concentração. Não podemos escolher a forma de nossas casas, nem a de nossas roupas; pois uma é tão obrigatória quanto a outra. As vias de comunicação determinam de maneira imperiosa o sentido em que se fazem as migrações interiores e as trocas, e mesmo até a intensidade de tais trocas e tais migrações, etc., etc. Por conseguinte, haveria, no máximo, possibilidade de acrescentar à lista de fenômenos que enumeramos como apresentando o sinal distintivo do fato social uma categoria a mais, a das maneiras de ser; e como aquela enumeração nada tinha de rigorosamente exaustiva, a adição não era indispensável.

Mas não seria nem mesmo útil; pois tais maneiras de ser não passam de maneiras de agir consolidadas. A estrutura política de uma sociedade não é mais do que o modo pelo qual os diferentes segmentos que a compõem tomaram o hábito de viver uns com os outros. Se suas relações são tradicionalmente estreitas, os segmentos tendem a se confundir; no caso contrário, tendem a se distinguir. O tipo de habitação a nós imposto não é senão a maneira pela qual todo o mundo, em nosso redor, — e em parte as gerações anteriores, — se acostumaram a construir as casas. As vias de comunicação não passam de leitos que a corrente regular das trocas e das migrações, caminhando sempre no mesmo sentido, cavou para si própria, etc. Sem dúvida, se os fenômenos de ordem morfológica fossem os únicos a apresentar esta fixidez, poder-se-ia acreditar que constituem uma espécie à parte. Mas as regras jurídicas constituem arranjos não menos permanentes do que os tipos de arquitetura e, no entanto, são fatos fisiológicos. A simples máxima moral é seguramente mais maleável; porém, apresenta formas muito mais rígidas do que os meros costumes profissionais ou do que a moda. Existe toda uma gama de nuanças que, sem solução de continuidade, liga os fatos de estrutura mais característicos a estas livres correntes da vida social que não estão ainda presas a nenhum molde definido. O que quer dizer que não existem entre eles senão diferenças no grau de consolidação que apresentam. Uns e outros não passam de vida mais ou menos cristalizada. Pode, sem dúvida, ser mais interessante reservar o nome de morfológicos para os fatos sociais concernentes ao substrato social, mas sob a condição de não perder de vista que são da mesma natureza que os outros. Nossa definição compreenderá, pois, todo o definido, se dissermos: *É fato social toda maneira de agir fixa ou não, suscetível de exercer sobre o indivíduo uma coerção exterior;* ou então ainda, *que é geral na extensão de uma sociedade dada, apresentando uma existência própria, independente das manifestações individuais que possa ter* (1).

---

(1) Este parentesco estreito entre a vida e a estrutura, entre o órgão e a função, pode ser fàcilmente estabelecido em sociologia porque, entre os dois termos extremos, existe toda uma série de intermediários imediatamente observáveis, mostrando o laço que há entre êles. A biologia não tem o mesmo recurso. Mas é permitido crer que as induções da primeira destas ciências, a tal respeito, são aplicáveis à outra e que, nos organismos como nas sociedades, não existem entre as duas ordens de fatos senão diferenças de grau.

CAPÍTULO II

Regras Relativas à Observação dos Fatos Sociais

A PRIMEIRA REGRA e a mais fundamental consiste em *considerar os fatos sociais como coisas.*

I

QUANDO uma nova ordem de fenômenos se torna objeto de ciência, tais fenômenos já se encontram representados no espírito não apenas por meio de imagens sensíveis, mas também por certos conceitos grosseiramente formados. Os homens formulavam noções a respeito dos fenômenos físico-químicos que ultrapassavam a percepção pura, antes mesmo de construídos os primeiros rudimentos da física e da química, — noções que encontramos, por exemplo, misturadas a todas as religiões. Isto porque, na realidade, a reflexão é anterior à ciência; esta não faz mais do que utilizá-la de maneira mais metódica. O homem não pode viver entre as coisas sem formular idéias a respeito delas, e regula sua conduta de acordo com tais idéias. Mas, devido a estarem as noções mais próximas de nós e mais ao nosso alcance do que as realidades a que correspondem, tendemos naturalmente para substituir por elas estas últimas, transformando-as na própria matéria de nossas especulações. Em lugar de observar as coisas, descrevê-las, compará-las, contentamo-nos então em tomar consciência de nossas idéias, analisá-las, combiná-las. Em lugar de ciência das realidades, nada mais fazemos do que análise ideológica. Não há dúvida de que tal análise não exclui necessariamente toda e qualquer observação. Pode-se apelar para os fatos com o fim de confirmar as noções ou as conclusões que deles tiramos. Mas os fatos não intervêm então senão de maneira secundária, a título de exemplos ou de provas confirmatórias; não são objeto de ciência. Esta vai então das idéias para as coisas, e não das coisas para as idéias.

É claro que este método não poderia dar resultados objetivos. Com efeito, noções ou conceitos, seja qual for o nome que lhes queiramos dar, não são substitutos legítimos para as coisas. Produtos da experiência vulgar, têm eles por objeto, antes de tudo, harmonizar nossas ações com o mundo que nos cerca; são formados pela prática e para a prática. Ora, uma representação, mesmo teoricamente falsa, pode estar em estado de desempenhar utilmente esse papel. Copérnico dissipou há séculos as ilusões de nossos sentidos no tocante aos movimentos dos astros; e, no entanto, é ainda de acordo com tais ilusões que regulamos correntemente a distribuição do tempo. Para que uma idéia suscite adequadamente os movimentos que a natureza de uma coisa reclama, não é necessário que exprima fielmente tal natureza; basta que nos faça sentir que a coisa tem algo de útil ou de desvantajoso, por meio do qual pode ser posta a nosso serviço ou nos pode contrariar. E mais ainda, as noções assim formadas não apresentam tal ajustamento prático senão de maneira aproximativa e apenas na generalidade dos casos. Quantas vezes não se mostram elas tão perigosas quão inadequadas! Não é, pois, elaborando-as que se chegará jamais a descobrir as leis da realidade, seja qual for o modo empregado na elaboração. Constituem elas, ao contrário, como que um véu interposto entre as coisas e nós, e que no-las mascaram tanto mais quanto julgamos mais transparente o véu.

Tal ciência não é apenas fragmentária; falta-lhe também a substância de que se poderia alimentar. Nem bem existe, e logo, por assim dizer, desaparece, transformando-se em arte. Com efeito, admite-se que essas noções contêm tudo o que há de essencial dentro do real, uma vez que são confundidas com a própria realidade; parecem então possuir o necessário para nos permitir não apenas compreender o que existe, como também para prescrever o que deve ser e os meios de realização. Pois é considerado bom tudo aquilo que é conforme à natureza das coisas, e mau tudo o que é contrário; e os meios para atingir o bem e fugir do mal derivam dessa mesma natureza. Se, pois, já damos a realidade presente como conhecida, seu estudo não tem mais interesse prático nenhum; e como tal interesse é a razão de ser do estudo, este se encontra daí por diante sem objetivo. A reflexão fica, assim, solicitada a se desviar daquilo que constitui o próprio objeto da ciência, isto é, presente e passado, para se lançar de um salto para o futuro. Em lugar de procurar compreender os fatos adquiridos e realizados, empreende imediatamente a realização de outros novos, mais conformes com os fins perseguidos pelos homens. Quando se acredita ter descoberto em que consiste a essência da matéria, imediatamente começa-se a buscar a pedra filosofal. Esta invasão da ciência pela arte, que impede aquela de se desenvolver, é além do mais facilitada pelas próprias circunstâncias que determinam o despertar da reflexão científica. Pois, como esta só nasce para satisfazer necessidades vitais, encontra-se muito naturalmente orientada para a prática. As necessidades que a reflexão científica é chamada a alimentar são sempre urgentes e, por conseguinte, exercem pressão para que tal reflexão se realize; reclamam remédios e não explicações.

Esta maneira de proceder está tão de acôrdo com a inclinação natural de nosso espírito que a encontramos de nôvo na própria origem das ciências físicas. É ela que diferencia a alquimia da química, a astrologia da astronomia. Foi por ela que BACON caracterizou o método que combatia e que seguiam os sábios de seu tempo. As noções que acabamos de citar são as *notiones vulgares* ou *praenotiones* (1), cuja existência aquele autor assinala na base de todas as ciências(2), nas quais tomam o lugar dos fatos (3). Constituem os *idola*, espécie de fantasmas que desfiguram o verdadeiro aspecto das coisas e que consideramos, no entanto, como sendo as próprias coisas. E é porque o meio imaginário não oferece nenhuma resistência ao espírito que este, não se sentindo constrangido por nada, se abandona a ambições ilimitadas e acredita possível construir, ou antes,

---

(1) *Novum Organum,* I, 26.
(2) *Ibid.,* I, 17.
(3) *Ibid.,* I, 36.

reconstruir o mundo, apenas com as próprias fôrças de que dispõe e ao sabor de seus desejos.

Se tal se deu com as ciências naturais, com maior razão deveria acontecer também com a sociologia. Os homens não esperaram o advento da ciência social para formularem idéias sôbre o direito, a moral, a família, o Estado e a própria sociedade; pois não poderiam passar sem elas em sua existência. Ora, é sobretudo na sociologia que as prenoções, para retomar a expressão de BACON, estão em estado de dominar os espíritos e de se substituir às coisas. Com efeito, as coisas sociais só se realizam através dos homens; são um produto da atividade humana. Não parecem, pois, constituir outra coisa senão a realização de idéias, inatas ou não, que trazemos em nós; não passam da aplicação dessas idéias às diversas circunstâncias que acompanham as relações dos homens entre si. A organização da família, do contrato, da repressão, do Estado, da sociedade aparecem assim como um simples desenvolvimento das idéias que formulamos a respeito da sociedade, do Estado, da justiça, etc. Por conseguinte, tais fatos e outros análogos parecem não ter realidade senão nas idéias e pelas idéias; e como estas parecem o germe dos fatos, elas é que se tornam, então, a matéria peculiar à sociologia.

Como os detalhes de vida social transbordam da consciência por todos os lados, esta não tem deles percepção suficientemente forte para sentir-lhes a realidade; tudo isto contribui para aumentar o crédito da maneira de ver que explicamos atrás. Não se ligando a nós por laços suficientemente sólidos ou suficientemente próximos, criam facilmente a impressão de não se ligarem a nada e de flutuarem no vazio, de constituírem matéria meio irreal e indefinidamente plástica. Eis porque tantos pensadores não viram nos arranjos sociais senão combinações artificiais, mais ou menos arbitrárias. Mas se o detalhe, se as formas concretas e particulares nos escapam, concebemos pelo menos de uma maneira geral e grosseira os aspectos mais gerais da vida coletiva, e são precisamente tais representações esquemáticas e sumárias que constituem as prenoções de que nos servimos para os usos correntes da vida. Não podemos, pois, duvidar da existência da vida coletiva, uma vez que a percebemos, ao mesmo tempo que percebemos a nossa. Não apenas estão as prenoções em nós, mas, constituindo produto de experiências repetidas, repetição e hábito resultam numa espécie de ascendência e de autoridade, que assim lhes é conferida. Sentimos que nos resistem quando delas nos procuramos libertar. Ora, não podemos deixar de encarar como real aquilo que se opõe a nós. Tudo contribui, pois, para que as consideremos como a verdadeira realidade social.

Até o presente, com efeito, a sociologia tratou, quase exclusivamente, não de coisa, mas de conceitos. Tinha COMTE, na verdade, proclamado que os fenômenos sociais são fatos naturais, submetidos às leis naturais. Reconheceu assim implicitamente seu caráter de coisas; pois não existem na natureza senão coisas. Mas quando, abandonando as generalidades filosóficas, tentou aplicar o princípio que estabelecera para fazer germinar a ciência nele contida, tomou as idéias como objeto de estudo. Realmente, o progresso da humanidade no tempo constitui a principal matéria de sua sociologia. Parte da idéia de que existe uma evolução geral do gênero humano, a qual consiste numa realização cada vez mais completa da natureza humana, e o problema que o preocupa é encontrar a ordem de tal evolução. Ora, supondo-se que esta evolução exista, sua realidade não pode ser estabelecida a não ser depois de formada a ciência; não é possível, pois, transformá-la no próprio objeto da pesquisa senão encarando-a como uma concepção do espírito, não como uma coisa. E, na verdade, tanto se trata de representação inteiramente subjetiva, que tal progresso da humanidade efetivamente não existe. O que existe, a única coisa que realmente é oferecida à observação, são sociedades particulares que nascem, se desenvolvem, morrem, independentemente umas das outras. Se as mais recentes fossem ainda continuação daquelas que as precederam, cada tipo superior poderia ser considerado como a simples repetição do tipo imediatamente inferior, acrescido de alguma coisa; seria possível, então, alinhá-las, por assim dizer, umas após as outras, confundindo as que se encontram no mesmo grau de desenvolvimento, e a série assim formada seria encarada como representativa da humanidade. Mas os fatos não se apresentam com esta simplicidade extrema. Um povo que substitui outro não é um simples prolongamento do anterior com o acréscimo de alguns caracteres novos; é diferente, ora tem propriedades a mais, ora a menos; constitui uma nova individualidade e todas estas individualidades distintas, sendo heterogêneas, não podem se fundir numa mesma série contínua, nem sobretudo numa série única. Pois a seqüência de sociedades não poderia ser figurada por uma linha geométrica; ela se parece antes com uma árvore cujos ramos se dirigem em direções divergentes. Em suma, COMTE tomou como sendo o desenvolvimento histórico a própria noção que tinha a este respeito, — noção que não diferia muito da apresentada então pelo vulgo. Vista à distância, a história toma realmente um aspecto seriado e simples. Só são percebidos os indivíduos se sucedendo uns aos outros, marchando todos numa mesma direção, porque todos têm a mesma natureza. E como, além disso, não se concebe que a evolução social possa ser outra coisa que não o desenvolvimento de alguma idéia humana, parece muito natural defini-la pela idéia que a seu respeito formulam os homens. Ora, procedendo desta maneira, não apenas ficamos na ideologia, mas damos à sociologia, como objeto, um conceito que nada tem de propriamente sociológico.

SPENCER afasta este conceito para, contudo, substituí-lo por outro que não é formado de maneira diferente. Toma as sociedades, e não a humanidade, como objeto desta ciência; no entanto, logo de início ofereceu das primeiras uma definição que faz desaparecer justamente aquilo de que fala, pondo em seu lugar a prenoção que a seu respeito concebe. De fato, considera como proposição evidente que "uma sociedade não existe senão quando, à justaposição, se acrescenta a cooperação", considerando que é somente então que a união dos indivíduos se transforma em sociedade propriamente dita (1). Em seguida, partindo dêste princípio de que a cooperação é a essência da vida social, distingue a sociedade em duas classes de acordo com a natureza da cooperação que nela domina. "Existe, diz ele, uma cooperação espontânea que, sem premeditação, tem lugar na perseguição de fins de caráter privado; existe também uma cooperação conscientemente instituída, que pressupõe fins de interesse público nitidamente reconhecidos" (2). Às primeiras, dá SPENCER o nome de sociedades industriais; às segundas, o de militares, e pode-se dizer que esta distinção é a idéia-mãe de sua sociologia.

---

(1) *Sociologie*, trad. fr., III, 331, 332.
(2) *Ibid.*, III, 332.

Mas esta definição inicial enuncia como uma coisa aquilo que não é senão uma opinião quimérica. Com efeito, a definição é apresentada como a expressão de um fato imediatamente visível, que basta constatar através da observação, uma vez que é formulada como um axioma já no início da ciência. E todavia é impossível saber por simples inspeção se realmente a cooperação forma o todo da vida social. Tal afirmação só se tornaria cientificamente legítima passando-se em revista todas as manifestações da existência coletiva, e fazendo-se ver que todas elas constituem formas diversas da cooperação. Assim, uma certa maneira de conceber a realidade de novo se substitui a esta realidade(1). O que assim se definiu não foi a sociedade, mas a idéia que dela formula SPENCER. E se êle não experimenta nenhum escrúpulo em assim proceder é porque para ele também a sociedade não é, e nem pode deixar de ser, senão a própria realização de uma idéia, isto é, desta mesma idéia de cooperação por meio da qual a define(2). Seria fácil mostrar que, em cada um dos problemas particulares que aborda, seu método continua o mesmo. E também, embora pretendendo proceder empiricamente, como os fatos acumulados em sua sociologia são empregados não para descrever e explicar coisas, mas para ilustrar análises de noções, parecem afinal de contas não estar ali senão para figurarem de argumentos. Na realidade, tudo o que existe de essencial em sua doutrina pode ser imediatamente deduzido da definição que dá da sociedade e das diferentes formas de cooperação. Pois se não há escolha senão entre cooperação tiranicamente imposta e cooperação livre e espontânea, é evidentemente esta última que constitui o ideal para o qual tende e deve tender a humanidade.

Não é apenas quando nos voltamos para os fundamentos da ciência que encontramos estas noções vulgares, mas com elas deparamos também a cada instante na trama dos raciocínios. No estado atual de nossos conhecimentos, não sabemos com certeza o que são Estado, soberania, liberdade política, democracia, socialismo, comunismo, etc., e o método estatuiria

---

(1) Concepção além do mais controvertida (ver *Division du travail social,* II, 2, 4).

(2) "A cooperação não poderia, pois, existir sem sociedade, e é o objetivo para cujo fim esta existe" (*Principes de Sociologie,* III, pág. 332).

a interdição do uso destes conceitos enquanto não estivessem cientificamente constituídos. E todavia os têrmos que os exprimem figuram sem cessar nas discussões dos sociólogos. São empregados correntemente e com segurança, como se correspondessem a coisas bem conhecidas e definidas, quando não despertam em nós senão noções confusas, misturas indistintas de impressões vagas, de preconceitos e de paixões. Zombamos hoje dos raciocínios originais que os médicos da Idade Média construíam com as noções de quente, frio, úmido, seco, etc., e não percebemos que continuamos a aplicar o mesmo método a ordens de fenômenos que menos ainda o comportam, em razão de sua extrema complexidade.

Nos ramos especiais da sociologia, tal caráter ideológico é ainda mais marcado.

É o caso principalmente da moral. Pode-se, com efeito, afirmar que não existe um só sistema em que a moral não esteja representada como constituindo o simples desenvolvimento de uma idéia inicial que, em potência, a contém inteiramente. Acreditam alguns que o homem já encontra tal idéia formada dentro de si mesmo desde o nascimento; querem outros que ela se forme mais ou menos lentamente no decorrer da história. Mas, para uns e outros, para empiristas como para racionalistas, nela se resume tudo o que existe de verdadeiramente real na moral. As regras jurídicas e morais, em seus detalhes, não teriam, por assim dizer, existência em si mesmas, pois não seriam senão a aplicação desta noção fundamental às circunstâncias particulares da vida, — noção que se pode diversificar segundo os casos. O objeto da moral não seria então constituído pelos sistemas de preceitos, os quais não têm realidade, mas sim pela idéia da qual decorrem os preceitos, e de que estes não constituem senão as várias aplicações. Assim, todas as questões habitualmente colocadas pela ética ligam-se não a coisas, mas à idéias; em que consistem a idéia do direito, a idéia da moral, eis o que se quer saber, e não qual a natureza da moral e do direito tomados em si mesmos. Os moralistas não chegaram ainda a esta noção muito simples de que, assim como nossas representações das coisas sensíveis provêm das próprias coisas e as exprimem, também nossa representação da moral provém do próprio espetaculo das regras que funcionam sob nossos olhos e as figuram esquemàticamente; por conseguinte, são essas regras que formam a matéria da ciência e não a visão sumária que delas temos, do mesmo modo que a física tem por objeto os corpos tais quais existem, e não a idéia que deles faz o vulgo. Conseqüentemente, toma-se como base da moral a maneira pela qual ela se prolonga nas consciências individuais e nelas repercute, — isto é, aquilo que não lhe constitui senão o cume. Não é só nos problemas mais gerais da ciência que este método tem sido seguido; ele é aplicado também nas questões especiais. Das idéias essenciais que estuda no início, passa o moralista para as idéias secundárias de família, de pátria, de responsabilidade, de caridade, de justiça; mas sua reflexão se aplica sempre a idéias.

O mesmo acontece com a economia política. Esta tem por objeto, diz Stuart MILL, os fatos sociais que se produzem principalmente ou exclusivamente tendo em vista a aquisição de riquezas (1). Mas, para que esses fatos assim definidos pudessem ser apontados à observação do cientista sob a forma de coisas, seria preciso que se pudesse pelo menos indicar a partir de que sinais é possível reconhecer quais os que satisfazem à referida condição. Ora, quando a ciência está no início, não temos o direito de afirmar que existem fatos visando tal objetivo, e muito menos que sabemos já quais são. Em qualquer espécie de pesquisas, é na verdade quando a explicação já está bastante avançada que se torna então possível estabelecer se os fatos têm um objetivo e qual. Não há problema mais complexo do que este, nem menos suscetível de ser resolvido de um golpe. Nada, pois, nos garante de antemão que haja uma esfera da atividade social em que o desejo de riqueza desempenhe realmente papel preponderante. Portanto, encarando-se assim o objeto da economia política, este ver-se-á composto de simples possibilidades, de puras concepções do espírito, isto é, dos fatos que o economista *concebe* — e tais quais concebe, — como ligando-se ao fim considerado; e não de realidades que podem ser apontadas com o dedo. Quer o economista empreender o estudo daquilo que chamo de produção? Já de saída, acredita possível enumerar, passando-os em revista, os principais agentes com o auxílio dos quais a produção se faz. Não é, portanto, a partir da observação das condições de que depende a coisa que estuda que vai reconhecer a existência

---

(1) *Système de Logique*, III, pág. 496.

dos fatos; pois senão teria começado por expor as experiências das quais tirou esta conclusão. Se, desde o começo da pesquisa e em poucas palavras, procede o economista a uma classificação, é porque a obteve por intermédio de simples análise lógica. Parte da idéia da produção; decompondo-a, acha que implica logicamente a idéia de forças naturais, de trabalho, de instrumentos ou de capital, e em seguida trata do mesmo modo estas idéias derivadas da primeira (1).

A teoria do valor, a mais fundamental de todas as teorias econômicas, está manifestamente construída de acordo com este método. Se o valor fosse estudado como uma realidade, ver-se-ia o economista, em primeiro lugar, indicar segundo que traços reconhecer a coisa que responde por esse nome, classificar-lhe as espécies, procurar por meio de induções metódicas as causas em função das quais variam, comparar finalmente esses diversos resultados para chegar a desvendar uma formulação geral. A teoria não poderia, pois, existir senão quando a ciência já tivesse sido levada assaz avante. Em lugar disso, encontramos esta teoria já desde o início dos trabalhos. Isto porque, para formulá-la, o economista se contenta de, reconcentrando-se, tomar consciência da idéia que faz do valor, isto é, de um objeto suscetível de troca; acha que esta idéia tem como implicações as idéias de útil, de raro, etc., e é com tais produtos de sua análise que constrói a definição. Confirma-a, não há dúvida, por meio de alguns exemplos. Mas quando se pensa nos inúmeros fatos que tal teoria deve explicar, como conceder o menor valor demonstrativo a fatos, necessariamente poucos, que assim são citados ao sabor da memória?

Em economia política então, como em moral, a parte da investigação científica é muito restrita; a parte de arte é preponderante. Em moral, a parte teórica se reduz a algumas discussões sobre a idéia do dever, do bem e do direito. Para falar com mais exatidão, estas especulações abstratas não constituem ainda uma ciência, uma vez que, na verdade, têm por objeto

---

(1) Este caráter se desprende das próprias expressões empregadas pelos economistas. Trata-se continuamente de idéias, a idéia do útil, a idéia de economia, a idéia de aplicação de capitais, a idéia de despesa. (V. GIDE, *Principes d'économie politique,* liv. III, cap. I, § 1; cap. II, § 1; cap. III, § 1.)

determinar, não em que consiste a regra suprema da moral, e sim o que deve ser tal regra. Do mesmo modo, nas pesquisas dos economistas, o que é mais importante é saber, por exemplo, se a sociedade *deve* ser organizada segundo as concepções dos individualistas, ou segundo as dos socialistas; se é *melhor* que o Estado intervenha nas relações industriais e comerciais, ou se é melhor que as abandone inteiramente à iniciativa privada; se o sistema monetário *deve ser* o monometalismo ou o bimetalismo, etc., etc. As leis propriamente ditas são então pouco numerosas; mesmo as que são assim chamadas habitualmente não merecem tal qualificação, não constituindo mais do que máximas de ação, preceitos práticos disfarçados. Veja-se, por exemplo, a famosa lei da oferta e da procura. Nunca foi indutivamente estabelecida como expressão de uma realidade econômica. Nunca nenhuma experiência, nenhuma comparação metódica, foi instituída para se estabelecer que, *efetivamente,* é segundo esta lei que se processam as relações econômicas. Tudo o que se pode fazer, tudo o que se fez, foi demonstrar dialeticamente que os indivíduos assim devem proceder, se compreenderem bem quais são os seus interesses; e, ainda, que qualquer outra maneira de agir lhes seria perniciosa, implicando verdadeira aberração lógica por parte daqueles que a ela se prestassem. É muito lógico que as indústrias mais produtivas sejam as mais procuradas; que os detentores dos produtos mais procurados e mais raros os vendam a preços mais elevados. Mas esta necessidade inteiramente lógica em nada se parece com a necessidade apresentada pelas verdadeiras leis da natureza. Estas exprimem as relações segundo as quais os fatos realmente se encadeiam e não a maneira pela qual seria melhor que se encadeassem.

O que estamos dizendo desta lei pode ser repetido a propósito de todas aquelas que a escola econômica ortodoxa qualifica de naturais e que, além do mais, não são senão casos particulares da precedente. São naturais, se quiserem, no sentido de que enunciam os meios naturalmente empregados, ou que parece natural que se empreguem, para atingir determinado fim em vista; mas não devem ser assim chamadas se, por lei natural, entendemos toda maneira de ser da natureza, indutivamente constatada. Não constituem senão conselhos de sabedoria prática e, se se tornou possível, — embora de maneira mais ou menos especiosa, — apresentá-las como a própria expressão da realidade, foi porque, com ou sem razão, acreditou-se que tais conselhos eram efetivamente seguidos pela generalidade dos homens na generalidade dos casos.

E todavia os fenômenos sociais são coisas e devem ser tratados como coisas. Para demonstrar esta proposição não é necessário filosofar sôbre a natureza dêles, discutir as analogias que apresentam com os fenômenos dos reinos inferiores. Basta constatar que são eles o único *datum* oferecido aos sociólogos. Na verdade, é coisa tudo que é dado, tudo que se oferece ou antes se impõe à observação. Tratar fenômenos como coisas, é tratá-los na qualidade de *data* que constituem o ponto de partida da ciência. Os fenômenos sociais apresentam incontestàvelmente tal caráter. Não nos é dada a idéia que os homens formulam a respeito do valor; esta é inacessível, e o que nos é dado são os próprios valôres que se trocam realmente no decorrer das relações econômicas. Não é esta ou aquela concepção do ideal moral; é o conjunto de regras que determinam efetivamente a conduta. Não é a idéia do útil ou da riqueza; são todos os detalhes da organização econômica. Talvez não seja a vida social senão o desenvolvimento de determinadas noções; mas, supondo-se que tal aconteça, tais noções não são imediatamente observáveis. Não se pode, pois, atingi-las diretamente, mas sòmente através da realidade dos fenômenos que as exprimem. Não sabemos *a priori* que idéias estão na origem das diversas correntes entre as quais se reparte a vida social, nem se tais idéias existem; somente depois de ter subido até suas fontes, poderemos saber de onde provêm.

Precisamos, pois, considerar os fenômenos sociais em si mesmos, destacados dos indivíduos conscientes que formulam representações a seu respeito; é necessário estudá-los de fora, como coisas exteriores, pois é nesta qualidade que se apresentam a nós. Se sua exterioridade não fôr senão aparente, a ilusão se dissipará à medida que se processar o avanço da ciência e ver-se-á, por assim dizer, o exterior se recolher ao interior. Mas a solução não pode ser prejulgada, e mesmo que, afinal de contas, os fenômenos sociais não apresentassem todos os caracteres intrínsecos de coisas, deveriam primeiramente ser tratados como se os possuíssem. Esta regra se aplica, pois, à realidade social inteira, sem que haja razão para exceção alguma. Devem ser considerados deste ponto de vista até os fenômenos que nos pareçam consistir em arranjos artificiais. *O caráter convencional de uma prática ou de uma instituição não deve jamais ser pressuposto.* Se, além do mais, nos for permitido invocar a experiência pessoal, cremos poder afirmar que, procedendo desta maneira, teremos muitas vezes a satisfação de ver fatos, na aparência os mais arbitrários, apresentarem, depois de uma observação mais atenta, caracteres de constância e regularidade que são sintomas de sua objetividade.

De resto, e de modo geral, o que foi dito anteriormente a respeito dos caracteres distintivos do fato social é suficiente para nos tranqüilizar a respeito da natureza desta objetividade, e para provar que ela não é ilusória. Com efeito, a coisa é reconhecida principalmente pelo sintoma de não poder ser modificada por intermédio de um simples decreto da vontade. Não que seja refratária a qualquer modificação. Mas não é suficiente exercer a vontade para produzir uma mudança, é preciso além disso um esforço mais ou menos laborioso, devido à resistência que nos opõe e que, outrossim, nem sempre pode ser vencida. Ora, já vimos que os fatos sociais apresentam esta propriedade. Longe de ser um produto de nossa vontade, eles a determinam a partir do exterior; constituem como que moldes dentro dos quais somos obrigados a plasmar nossas ações. Esta necessidade é muitas vezes de tal ordem que não temos jeito de escapar a ela. Mas, ainda mesmo que chegássemos a triunfar, a oposição encontrada seria suficiente para nos advertir de que estamos em presença de algo que não depende de nós. Considerando, então, os fenômenos sociais como coisas, não fazemos mais do que nos conformar com a natureza que apresentam.

Em suma, a reforma que pretendemos introduzir na sociologia é em todos os pontos idêntica à que, no decorrer destes trinta últimos anos, trouxe à psicologia tantas transformações. As diferentes escolas empíricas tinham, desde muito, reconhecido o caráter natural dos fenômenos psicológicos, embora continuando a lhes aplicar um método puramente ideológico, da mesma maneira que COMTE e SPENCER declaram que os fatos sociais são fatos da natureza, sem, todavia, tratá-los como coisas. Efetivamente, tanto os empiristas quanto os seus adversários procediam exclusivamente por meio da introspecção. Ora, os fatos que observamos em nós mesmos são muito raros, muito fugidios, muito maleáveis para poderem se impor às noções correspondentes que o hábito fixou dentro de nós, e comandar sôbre elas. Quando, pois, estas últimas não estão submetidas a nenhum controle, nada lhes faz contrapêso; tomam, então, o lugar dos fatos e passam a constituir a matéria da ciência. Assim, nem LOCKE nem CONDILLAC consideraram os fenômenos psíquicos de um ponto de vista objetivo. Não é a sensação que estudam, mas certa idéia que formulam a respeito da sensação. Eis porque, embora sob determinados aspectos tenham preparado o advento da psicologia científica, esta não se tornou realmente ciência senão muito mais tarde, quando se chegou finalmente à concepção de que os estados de consciência podem e devem ser considerados do exterior, e não do ponto de vista da consciência que os experimenta. Eis, pois, a grande revolução que se processou neste gênero de estudos. Todos os processos particulares, todos os métodos novos que enriqueceram a ciência psicológica não constituem senão meios diversos para realizar de modo mais completo esta idéia fundamental. O mesmo progresso precisa ser feito pela sociologia. É preciso que esta passe do estádio subjetivo, que quase não ultrapassou ainda, para a fase objetiva.

Além do mais, a passagem é aqui menos difícil de se operar do que na psicologia. Na verdade, os fatos psíquicos são naturalmente encarados como estados do indivíduo, do qual não parecem nem sequer separáveis. Interiores por definição, julga-se impossível tratá-los como exteriores, a não ser violentando-lhes a natureza. É necessário não somente um esforço de abstração, mas todo um conjunto de processos e de artifícios para se chegar a considerá-los sob tal ângulo. Os fatos sociais, pelo contrário, apresentam de modo muito mais natural e imediato todos os caracteres de coisa. O direito existe nos códigos, os movimentos da vida cotidiana se inscrevem nos algarismos da estatística e nos monumentos históricos, as modas nas roupagens, os gostos nas obras de arte. Tais fatos tendem, em virtude de sua própria natureza, a constituir-se fora das consciências individuais, uma vez que as dominam. Para vê-los sob o aspecto de coisas, não é necessário manipulá-los com certa habilidade. A sociologia, sob êste aspecto, leva séria vantagem sôbre a psicologia, vantagem até hoje não percebida e que deve apressar seu desenvolvimento. Os fatos sociais são talvez mais difíceis de interpretar porque são mais complexos, mas são também mais fáceis de atingir. A psicologia, pelo contrário, não tem apenas dificuldade em elaborá-los, mas também em apreendê-los. Por conseguinte, é permitido acreditar que, a partir do dia em que aquele princípio do método sociológico for reconhecido e unânimemente praticado, experimentará a sociologia progresso de uma tal rapidez que a lentidão atual de seu desenvolvimento não permite supor, retomando até sobre a psicologia um avanço que esta deve unicamente à sua anterioridade histórica (1).

II

Mas a experiência de nossos antecessores tornou evidente que não basta formular uma demonstração teórica para assegurar a realização prática da verdade que acaba de ser estabelecida, nem mesmo nos convencermos dela. O espírito está tão naturalmente habituado a mal interpretá-la que recairá inevitàvelmente nos antigos erros, se não for submetido a rigorosa disciplina, cujas regras principais, corolários da que expusemos precedentemente, passamos a formular.

1. Eis o primeiro corolário: *É preciso afastar sistematicamente todas as prenoções.* Não é necessária uma demonstração especial desta regra; ela resulta de tudo quanto dissemos anteriormente. Constitui, além do mais, a base de todo o método científico. A dúvida metódica de DESCARTES não é, no fundo, senão aplicação dela. Se, no momento em que ia fundar a ciência, adotou DESCARTES como regra duvidar de todas as idéias que recebera anteriormente, foi porque não queria empregar senão conceitos cientificamente elaborados, isto é, construídos de acordo com o método que estava instituindo; todos os que provinham de origem diversa deviam, pois, ser rejeitados pelo menos provisoriamente. Não tinha sentido diferente a teoria dos Ídolos de BACON, que já vimos. Estas duas grandes dou-

---

(1) É verdade que a maior complexidade dos fatos sociais torna mais difícil o estabelecimento de sua ciência. Mas, em compensação, precisamente porque a sociologia é a última a aparecer entre as ciências, está em estado de aproveitar os progressos realizados pelas ciências inferiores e instruir-se na sua escola. Esta utilização das experiências já feitas não pôde deixar de acelerar seu desenvolvimento.

trinas, tantas vezes colocadas em oposição uma à outra, concordam a respeito deste ponto essencial. É preciso, então, que o sociólogo, no momento em que determina o objeto de suas pesquisas ou no decorrer de suas demonstrações, proíba resolutamente a si próprio o emprego de conceitos formados exteriormente à ciência e para fins que nada têm de científico. É preciso que se liberte destas falsas evidências que dominam o espírito do vulgo, que sacuda de uma vez por todas o jugo de categorias empíricas que hábitos muito arraigados acabam por tornar tirânicas, muitas vezes. Ou pelo menos, se por acaso a necessidade o obrigar a recorrer a elas, que o faça tendo consciência de seu pouco valor, a fim de não lhes outorgar, na doutrina, o desempenho de um papel de que não são dignas.

Esta libertação é particularmente difícil em sociologia porque o sentimento afetivo freqüentemente intervém na questão. Com efeito, nossas crenças políticas e religiosas, nossas práticas morais nos apaixonam, o que não acontece com as coisas do mundo físico; este caráter passional se comunica, então, ao modo pelo qual concebemos e explicamos as mesmas crenças e práticas. O objeto em si e as idéias que a seu respeito formulamos nos tocam de perto e tomam assim tal autoridade que não suportam contradição. Toda opinião que as atrapalhe é tratada como inimiga. Por exemplo, não concorda certa proposição com a idéia que formulamos de patriotismo ou de dignidade individual? É então negada, sejam quais forem as provas sôbre que repousa. Não é possível sem esforço admitir que seja verdadeira; faz-se como se não existisse e a paixão sugere, para se justificar, razões que facilmente são tidas como decisivas. Estas noções podem ter até tal prestígio que não toleram nem mesmo o exame científico. O próprio fato de as submeter, assim como os fenômenos que exprimem, a uma fria e seca análise, revolta certos espíritos. Qualquer pessoa que empreenda o estudo da moral a partir de fora e como uma realidade exterior, parece aos espíritos delicados destituída de senso moral, como, aos olhos do vulgo, parece destituído da sensibilidade mais comum o cientista que se entrega à vivissecção. Ao invés de admitir que tais sentimentos dependem da ciência, é a eles que se acredita dever apelar para construir a ciência das coisas a que se ligam. "Infeliz do cientista que aborda as coisas de Deus sem ter no fundo de sua consciência, nas profundezas indestrutíveis de seu ser, ali onde dorme a alma dos antepassados, um santuário desconhecido de onde se elevam por instantes perfumes de incenso, linhas de salmos, o grito doloroso ou triunfante que, em criança, imitando seus irmãos, atirou para os céus e que o recoloca em súbita comunhão com os profetas de outrora!"(1) exclama um eloqüente historiador das religiões.

Mesmo muito violenta, nunca seria demasiada a força que fosse elevada contra esta doutrina mística, a qual — como todo misticismo, — não é no fundo senão um empirismo mascarado, negador de toda ciência. Os sentimentos que têm as coisas sociais por objeto não gozam de privilégio sobre os outros, porque não são de origem diferente. Também se formaram historicamente, são produto da experiência humana, mas de uma experiência humana confusa e inorganizada. Não são devidos a nenhuma antecipação transcendental da realidade, mas resultam de toda espécie de impressões e de emoções acumuladas sem ordem, ao sabor das circunstâncias, sem uma interpretação metódica. Longe de nos trazerem esclarecimentos superiores aos racionais, são compostos exclusivamente de estados de espírito, fortes, sem dúvida, mas turvos. Dar-lhes semelhante preponderância, é entregar às faculdades inferiores da inteligência supremacia sobre as mais elevadas, é permanecer numa logomaquia mais ou menos oratória. Uma ciência assim constituída não pode satisfazer senão os espíritos que preferem pensar com a sensibilidade e não com o entendimento, que preferem as sínteses imediatas e confusas da sensação às análises pacientes e luminosas da razão. O sentimento é objeto de ciência, não é critério de verdade científica. De resto, não existe ciência que, em seus primórdios, não tenha encontrado resistências análogas. Houve um tempo em que os sentimentos relativos às coisas do mundo físico, apresentando também um caráter religioso ou moral, se opunham com força não menor ao estabelecimento das ciências físicas. Pode-se então acreditar que, perseguido de ciência em ciência, tal preconceito acabará por desaparecer da própria sociologia, seu último refúgio, para deixar o terreno livre ao cientista.

2. Mas a regra precedente é inteiramente negativa. Ela ensina ao sociólogo como escapar ao império das noções vulga-

---

(1) J. Darmesteter, *Les prophètes d'Israel*, pág. 9.

res, a fim de voltar sua atenção para os fatos; mas não diz de que maneira se deve apoderar destes últimos com o fito de estudá-los objetivamente.

Tôda investigação científica se dirige para um grupo determinado de fenômenos que respondem a uma mesma definição. A primeira tarefa do sociólogo deve ser, pois, definir as coisas de que trata a fim de que se saiba, e de que ele próprio saiba, do que está cuidando. Esta é a condição primeira e mais indispensável de toda possibilidade de prova e de toda verificação; com efeito, uma teoria não pode ser controlada senão quando se sabe reconhecer os fatos de que deve dar conta. E, mais ainda, uma vez que é pela definição inicial que se constitui o próprio objeto da ciência, este será coisa ou não, segundo a maneira pela qual fôr feita a definição.

Para que a definição seja objetiva, é preciso evidentemente que exprima os fenômenos em função, não de uma idéia do espírito, mas de propriedades inerentes aos mesmos fenômenos. É preciso que os caracterize por um elemento integrante da natureza deles, e não por sua conformidade com uma noção mais ou menos ideal. Ora, no momento em que a pesquisa apenas começa, quando os fatos não foram ainda submetidos a nenhuma elaboração, os únicos de seus caracteres que podem ser atingidos são os que se mostram assaz exteriores para se tornarem imediatamente visíveis. Os que estão mais profundamente situados são, sem dúvida, mais essenciais; seu valor explicativo é mais elevado, mas são ainda desconhecidos nesta fase da ciência, e não podem ser apreendidos antecipadamente senão substituindo-se à realidade alguma concepção do espírito. É, pois, entre os caracteres mais exteriores que se deve procurar a matéria para a definição fundamental. Por outro lado, está claro que esta definição deve compreender, sem exceção nem distinção, todos os fenômenos que apresentam igualmente os mesmos caracteres; pois não temos razão nenhuma, nem meio nenhum de escolher entre eles. Tais propriedades constituem, então, tudo o que conhecemos do real; por conseguinte, devem determinar soberanamente a maneira pela qual os fatos são suscetíveis de se agrupar. Não possuímos nenhum outro critério que possa, mesmo parcialmente, suspender os efeitos do precedente. De onde se depreende a seguinte regra: *Nunca tomar por objeto de pesquisa senão um grupo de fenômenos previamente definidos por certos caracteres exteriores que lhe são comuns, e compreender na mesma pesquisa todos aqueles que correspondem a esta definição.* Constatamos, por exemplo, a existência de certo número de atos que apresentam todos determinado caráter exterior, isto é, uma vez executados, determinam por parte da sociedade esta reação particular chamada punição. Constituímos com eles um grupo *sui generis,* ao qual impomos uma rubrica comum; chamaremos crime todo ato que recebe uma punição, e fazemos do crime assim definido o objeto de uma ciência especial, a criminologia. Observamos, também, no interior de todas as sociedades conhecidas, uma sociedade parcial, reconhecível pelo sinal exterior de ser formada por indivíduos consangüíneos em sua maioria, e unidos entre si por laços jurídicos. Fazemos dos fatos assim caracterizados um grupo particular, ao qual damos um nome especial: são os fenômenos da vida doméstica. Chamaremos família todo agrupamento dessa espécie, e consideramos a família assim definida como objeto de uma investigação especial que ainda não recebeu denominação determinada na terminologia sociológica. Quando, mais tarde, passarmos da família em geral para diferentes tipos de família, aplicar-se-á a mesma regra. Ao abordar, por exemplo, o estudo do clã, da família maternal, ou da família patriarcal, começar-se-á por defini-las de acordo sempre com o mesmo método. O objeto de cada problema, seja geral ou particular, deve ser sempre constituído segundo o mesmo princípio.

Procedendo desta maneira desde seus primeiros passos, o sociólogo toma imediatamente pé na realidade. Com efeito, a maneira pela qual os fatos são assim classificados não depende dele, da propensão particular de seu espírito, mas da natureza das coisas. A marca que possibilita serem classificados nesta ou naquela categoria pode ser exibida a todos, reconhecida por todos, e as afirmações de um observador podem ser controladas pelos outros. É verdade que a noção assim constituída não se enquadra sempre, ou melhor, não se enquadra geralmente na noção comum. É evidente, por exemplo, que o livre pensamento e as faltas cometidas contra a etiqueta, embora punidos de maneira tão regular e tão severa quanto os crimes em boa quantidade de sociedades, não são encarados como tais pelo senso comum, mesmo com relação a essas mesmas sociedades. Do mesmo modo, um clã não é uma família na acepção usual da palavra. Mas não importa; não se trata apenas de descobrir um meio que nos permita reconhecer com segurança os fatos aos quais se aplicam os termos da linguagem corrente e as idéias que os traduzem. O que é necessário, é construir inteiramente conceitos novos, apropriados às necessidades da ciência e expressos com o auxílio de uma terminologia especial. Não que o conceito vulgar seja inútil para o cientista; serve-lhe de guia. Por seu intermédio, somos informados de que, nalgum lugar, existe um conjunto de fenômenos reunidos sob uma mesma apelação e que, por conseguinte, devem apresentar caracteres comuns; e mesmo, como o conceito vulgar nunca deixou de ter algum contacto com os fenômenos, indica-nos muitas vezes, embora grosseiramente, em que direção devem ser os mesmos procurados. No entanto, sua origem grosseira naturalmente não lhe permite chegar a coincidir exatamente com o conceito científico a que dá lugar (1).

Esta regra, por mais evidente e importante que seja, não tem sido de modo nenhum observada em sociologia. Precisamente porque trata de coisas a que sem cessar nos referimos — família, propriedade, crime, etc. — as mais das vezes parece inútil ao sociólogo dar definição prévia e rigorosa do que constituem. Estamos de tal modo habituados a nos servir desses termos, que surgem a todo instante no decorrer das conversas, que parece inútil precisar o sentido em que os empregamos. Utilizamos simplesmente a noção comum. Ora, esta é muitas vezes ambígua. A ambigüidade reune sob um mesmo nome e numa mesma explicação coisas muito diferentes na realidade. Confusões inextricáveis se originam daí. Existem, por exemplo, duas espécies de uniões monogâmicas: a de fato e a de direito. Na primeira, o marido não tem senão uma mulher, embora

---

(1) Na prática, é sempre do conceito vulgar e do termo vulgar que se parte. Procura-se, entre as coisas confusamente conotadas sob tal termo, se existem algumas que apresentem caracteres exteriores comuns. Existindo, e coincidindo se não totalmente (o que é raro), pelo menos em larga parte com o conceito vulgar o conceito formado pelo agrupamento dos fatos assim reunidos, poder-se-á continuar a designar tal agrupamento por esse mesmo conceito vulgar, guardando-se na ciência a mesma expressão utilizada na linguagem corrente. Mas se o afastamento é considerável, se a noção comum confunde uma pluralidade de noções distintas, a criação de termos novos e especiais se impõe.

juridicamente possa ter várias; na segunda, é-lhe legalmente proibido ser polígamo. A monogamia de fato se encontra em várias espécies animais e em certas sociedades inferiores, não em estado esporádico, mas com a mesma generalidade daquela que é imposta pela lei. Quando o grupo está disperso numa vasta superfície, a trama social é muito frouxa e por isso os indivíduos vivem isolados uns dos outros. Cada homem procura naturalmente então arranjar uma só mulher porque, no estado de isolamento em que vive, é-lhe difícil possuir várias. Ao contrário, a monogamia obrigatória não é observada senão nas sociedades mais elevadas. Estas duas espécies de sociedades conjugais têm, pois, um significado muito diferente, e, no entanto, a mesma palavra serve para designá-las; pois dize-se correntemente de certos animais que são monógamos, embora entre eles nada exista que se pareça com uma obrigação jurídica. Ora, SPENCER, abordando o estudo do casamento, emprega o termo monogamia no seu sentido usual e equívoco, sem o definir; o resultado é que a evolução do casamento parece apresentar uma anomalia incompreensível segundo ele, pois acredita encontrar a forma superior da união sexual desde as primeiras fases do desenvolvimento histórico, parecendo desaparecer na fase intermediária, para reaparecer em seguida. Conclui então que não existe relação constante entre o progresso social em geral e o avanço progressivo em direção a um tipo perfeito de vida familiar. Uma definição oportuna teria evitado este erro (1).

Casos há em que grande cuidado é tomado na definição do objeto sobre o qual se realizará a pesquisa; mas em lugar de compreender na mesma definição e de agrupar sob a mesma rubrica todos os fenômenos que apresentam as mesmas propriedades exteriores, efetua-se entre eles uma escolha. Alguns são postos de lado, espécie de elite encarada como só ela tendo o direito de apresentar os caracteres em questão. Quanto aos outros, são considerados como usurpando aqueles sinais distintivos, e não são levados em consideração. Mas é fácil de ver

---

(1) A mesma ausência de definição leva, algumas vezes, à afirmação de que a democracia era encontrada tanto no começo quanto no fim da história. Em verdade, a democracia primitiva e a de hoje são muito diferentes uma da outra.

que não se pode, desta maneira, obter senão uma noção subjetiva e truncada. Com efeito, tal eliminação não pode ser realizada senão de acordo com uma idéia preconcebida, pois no início da ciência nenhuma pesquisa teria ainda sido capaz de estabelecer a realidade de tal usurpação, supondo-se esta possível. Os fenômenos escolhidos não são retidos, pois, senão porque, mais do que os outros, se mostram conformes com a concepção ideal que se formula a respeito da realidade estudada. Por exemplo, GAROFALO, no início de sua *Criminologie*, demonstra muito bem que o ponto de partida desta ciência deve ser "a noção sociológica do crime" (1). No entanto, para constituir esta noção, não compara indistintamente todos os atos que, em diferentes tipos de sociedades, são reprimidos por punições regulares, mas somente alguns dentre eles, isto é, aqueles que ofendem a parte média e imutável do senso moral. Os sentimentos morais que desapareceram no desenrolar da evolução não lhe parecem fundados na natureza das coisas, uma vez que não conseguiram manter-se; por conseguinte, considera que os atos reputados criminosos por violarem estas regras desaparecidas deviam ter merecido tal denominação por circunstâncias acidentais e mais ou menos patológicas. Todavia, é em virtude de uma concepção inteiramente pessoal de moralidade que procede a tal eliminação. Parte ele da idéia de que a evolução moral, tomada em sua própria origem ou nas proximidades da origem, engloba toda espécie de escórias e de impurezas, que vai eliminando progressivamente em seguida, e que somente hoje conseguiu desembaraçar-se de todos os elementos adventícios que primitivamente lhe turvavam o curso. Este princípio, porém, não é senão uma hipótese que nada justifica. Os elementos variáveis do senso moral não estão menos fundados na natureza das coisas do que os imutáveis; as variações pelas quais passaram os primeiros testemunham somente que as próprias coisas variaram. Em zoologia, as formas peculiares às espécies inferiores não são encaradas como menos naturais do que as que se repetem em todos os graus da escala animal. Assim também os atos tachados de crimes pelas sociedades primitivas e que perderam esta qualificação,

(1) *Criminologie*, pág. 2.

são realmente criminosos com relação a essas sociedades, tanto quanto os que hoje continuamos a reprimir. Os primeiros correspondem às condições mutáveis da vida social, os segundos às condições constantes; mas uns são mais artificiais do que os outros.

E há mais: ainda mesmo que tais atos tivessem revestido indevidamente o caráter criminoso, ainda assim não deveriam ser radicalmente separados dos outros; pois as formas mórbidas de um mesmo fenômeno não são de natureza diferente das formas normais e, por conseguinte, é necessário observar tanto as primeiras quanto as segundas para determinar tal natureza. A doença não se opõe à saúde; são duas variedades do mesmo gênero e que se esclarecem mutuamente. Esta é a regra de há muito reconhecida e praticada em biologia e em psicologia, e que o sociólogo não está menos obrigado a respeitar. A menos que se admita que um mesmo fenômeno pode ser devido ora a uma causa, ora a outra, isto é, a menos que se negue o princípio da causalidade, as causas que imprimem a um ato, embora de maneira anormal, o sinal distintivo do crime, não podem diferir em espécie daquelas que produzem normalmente o mesmo efeito; só se distinguem ou em grau, ou porque não agem no mesmo conjunto de circunstâncias. O crime anormal é, pois, ainda um crime, e deve, por conseguinte, ser incluído na definição de crime. O que sucede então é que GAROFALO toma como sendo gênero o que é somente espécie, ou mesmo simples variedade. Os fatos aos quais se aplica sua fórmula de criminalidade não representam mais do que ínfima minoria entre todos aqueles que devia compreender; pois sua definição não convém nem aos crimes religiosos, nem aos crimes contra a etiqueta, contra o cerimonial, ou contra a tradição, etc., os quais, se desapareceram dos Códigos modernos, enchem, ao contrário, quase todo o repertório de direito penal das sociedades anteriores.

A mesma falta de método leva certos observadores a denegar aos selvagens toda espécie de moralidade (1). Partem da

---

(1) Ver LUBBOCK, *Les origines de la civilisation*, cap. VIII. De um modo ainda mais geral e não menos falso, diz-se que as religiões antigas são amorais ou imorais. A verdade é que possuem uma moral que lhes é peculiar.

idéia de que nossa moral é *a* moral, que é evidentemente desconhecida dos povos primitivos, ou que não existe entre eles senão em estado rudimentar. Definição arbitrária, porém. Apliquemos nossa regra e tudo se modifica. Para decidir se um preceito é moral ou não, examinaremos se apresenta ou não o sinal exterior de moralidade; este consiste numa sanção repressiva difusa, isto é, numa condenação formulada pela opinião pública que vinga a violação do preceito. Todas as vezes que estivermos diante de um fato apresentando tal caráter, não temos o direito de lhe negar a qualificação de moral; pois é prova de que sua natureza é igual à dos outros fatos morais. Ora, normas deste gênero não apenas são encontradas nas sociedades inferiores, mas são nestas mais numerosas ainda do que entre os civilizados. Uma quantidade de ações que atualmente estão abandonadas à livre apreciação dos indivíduos, eram então impostas obrigatoriamente. A falta de definição do objeto de estudo, ou a definição mal feita leva a erros dessa ordem.

Mas, poderão dizer, definir os fenômenos por meio de seus caracteres aparentes não é atribuir às propriedades superficiais uma espécie de preponderância sobre os atributos fundamentais; não é, por uma verdadeira inversão da ordem lógica, apoiar as coisas no ápice e não nas bases? Deste modo, ao definir o crime pela punição, expomo-nos quase obrigatoriamente à acusação de querermos derivar o crime da punição, ou, de acordo com uma citação muito conhecida, de encarar o pelourinho como a fonte da vergonha, e não a ação que ali se vai expiar. Mas esta crítica repousa numa confusão. Uma vez que a definição, cuja regra acabamos de formular, aparece no início da ciência, não pode ter por objetivo exprimir a essência da realidade; deve apenas colocar-nos em estado de chegar ulteriormente a ela. Tem por função única fazer-nos entrar em contacto com as coisas e, como estas não podem ser atingidas pelo espírito a não ser a partir do exterior, é pelo exterior que a definição as exprime. Porém, não é porque a definição exprime as coisas que deve também explicá-las; fornece apenas o primeiro ponto de apoio necessário às nossas explicações. É claro que a punição não cria o crime, mas é pela punição que o crime se revela exteriormente a nós, e, por conseguinte, é dela que se deve partir se quisermos chegar a compreendê-lo.

A objeção atrás exposta só teria, outrossim, fundamento se os caracteres exteriores fossem também acidentais, isto é, se não estivessem ligados às propriedades fundamentais das coisas. Com efeito, nestas condições a ciência, depois de assinalá-las, não teria nenhum meio de ir mais além; não poderia penetrar mais profundamente na realidade, uma vez que não haveria nenhuma ligação entre a superfície e a base. Mas, a menos que o princípio de causalidade não passe de vã palavra, quando determinados caracteres são encontrados de maneira idêntica e sem nenhuma exceção em todos os fenômenos de uma certa ordem, podemos estar seguros de que se ligam estreitamente à natureza destes últimos e deles são solidários. Se todo um grupo de ações dadas apresenta sem discrepância a particularidade de estar uma sanção penal ligada a elas, é porque existe um laço íntimo entre a punição e os atributos constitutivos daqueles atos. Por conseguinte, por mais superficiais que sejam tais propriedades, na medida em que forem metodicamente observadas, mostrarão realmente ao estudioso a via que deverá seguir para penetrar mais no fundo das coisas; constituem o elo primeiro e indispensável da cadeia que a ciência desenrolará a seguir, no decorrer de suas explicações.

Uma vez que podemos, pela sensação, alcançar o exterior das coisas, é lícito afirmar, em suma: a ciência, para ser objetiva, não deve partir de conceitos que se formaram sem ela, mas da sensação. É aos dados sensíveis que deve diretamente tomar os elementos de suas definições iniciais. E, com efeito, basta saber em que consiste a tarefa da ciência para compreender que não pode proceder de outra maneira. Necessita de conceitos que exprimam adequadamente as coisas tais quais existem, e não tais quais a prática considera útil concebê-las. Ora, os conceitos que se formaram fora da ação da ciência não respondem a esta condição. É preciso, pois, que ela crie novos conceitos e, para tal, que afaste as noções comuns e os termos que as exprimem, para retornar à sensação, matéria primeira e necessária de todos eles. É da sensação que se desprendem todas as idéias gerais, verdadeiras ou falsas, científicas ou não. O ponto de partida da ciência ou do conhecimento especulativo não poderia, pois, ser senão idêntico ao do conhecimento vulgar ou prático. É somente em seguida, na maneira pela qual esta matéria comum passa a ser elaborada, que começam as divergências.

3. Mas a sensação é facilmente subjetiva. Assim sendo, é de regra nas ciências naturais afastar os dados sensíveis que podem estar muitos ligados ao observador, para reter exclusivamente aqueles que apresentam um grau suficiente de objetividade. Desse modo, às vagas impressões produzidas pela temperatura ou pela eletricidade, o físico substitui a representação visual das oscilações do termômetro ou do electrômetro. O sociólogo deve dobrar-se às mesmas precauções. Os caracteres exteriores, em função dos quais define o objeto de suas pesquisas, devem ser tão objetivos quanto possível.

Pode-se afirmar em princípio que os fatos sociais são tanto mais suscetíveis de serem objetivamente representados quanto mais suscetíveis de se desprenderem completamente dos fatos individuais em que se manifestam.

Com efeito, a sensação é tanto mais objetiva quanto mais fixo for o objeto ao qual se liga; pois a condição de toda objetividade é a existência de um ponto de apoio constante e idêntico, ao qual a representação se possa ligar, e que permita eliminar tudo o que ela apresenta de variável e portanto de subjetivo. Se os únicos pontos de apoio dados são, eles mesmos, variáveis, se são perpetuamente diferentes com relação a si mesmos, fica faltando toda medida comum e não temos nenhum meio de distinguir, em nossas impressões, o que depende do exterior ou o que vem de nós mesmos. Ora, a vida social, enquanto não consegue isolar-se dos acontecimentos particulares que a encarnam, para se constituir à parte, possui justamente esta propriedade; de um para outro, ou de instante a instante, tais acontecimentos não apresentam a mesma fisionomia, e como a vida social é deles inseparável, estes lhe comunicam sua mobilidade. A vida social consiste, pois, em correntes livres que estão perpetuamente em vias de transformação, e que o olhar do observador não consegue fixar. O que equivale a dizer que este não é o lado pelo qual o estudioso pode abordar o estudo da realidade social. Mas sabemos que apresenta a particularidade de ser suscetível de cristalização, sem deixar de ser igual a si mesma. Fora dos atos individuais que suscitam, os hábitos coletivos se exprimem por meio de formas definidas: regras jurídicas, morais, provérbios populares, fatos de estrutura social, etc. Como estas formas existem de maneira permanente, como não mudam com as diversas aplicações que delas são feitas, constituem um objeto fixo, uma medida constante que está sempre à disposição do observador e que não deixa lugar às impressões subjetivas e às observações pessoais. Uma regra de direito é o que é, e não há duas maneiras de a aprender. Por outro lado, uma vez que estas práticas não constituem senão vida social consolidada, é legítimo, salvo indicações contrárias (1), estudá-la através daquelas cristalizações.

Assim, pois, *quando um sociólogo empreende a exploração de uma ordem qualquer de fatos sociais, deve se esforçar por considerá-los naquele aspecto em que se apresentam isolados de suas manifestações individuais.* É em virtude deste princípio que, através do sistema de regras jurídicas que a exprime, estudamos a solidariedade social, suas formas diversas e a evolução destas (2). Do mesmo modo, se procurarmos distinguir e classificar os diferentes tipos de família segundo as descrições literárias fornecidas por viajantes e, algumas vezes, por historiadores, nos estaremos expondo a confundir espécies diferentes, a aproximar, uns dos outros, tipos os mais diversos. Ao contrário, se tomarmos para base desta classificação a constituição jurídica da família e, mais especialmente, o direito sucessório, teremos um critério objetivo que, sem ser infalível, prevenirá, todavia, uma quantidade de erros(3). Desejando-se classificar as diferentes espécies de crime, dever-se-á processar a reconstituição das maneiras de viver, dos costumes profissionais utilizados nos diferentes mundos do crime, para reconhecer tantos tipos criminológicos quantas formas diferentes apresentarem estas organizações. Para atingir os costumes, as crenças populares, dirigir-nos-emos aos provérbios, aos ditados populares que os exprimem. Não há dúvida de que, procedendo assim, deixaremos fora do âmbito da ciência a matéria concreta da vida coletiva; e todavia, por mais mutável que seja esta matéria, não temos o direito de postular *a priori* sua ininteligibilidade. Porém, se desejarmos seguir uma abordagem metódica, será necessário estabelecer os primeiros fundamentos da ciên-

---

(1) Para que a substituição deixasse de ser legítima, seria preciso ter razões para supor que, num momento dado, o direito não exprimiria mais o estado verdadeiro das relações sociais.

(2) Ver *Division du travail social,* 1. I.

(3) Ver nossa "Introduction à la Sociologie de la Famille", in *Annales de la Faculté de Lettres de Bordeaux,* 1889.

cia, não em areia movediça, mas em terreno firme. É preciso abordar o domínio do social pelos aspectos que oferecem melhor possibilidade de apreensão à investigação científica. Somente em seguida será possível levar mais longe a pesquisa e, por meio de trabalhos progressivos de abordagem, ir cingindo mais de perto esta realidade fugidia, que o espírito humano talvez não possa jamais abarcar completamente.

CAPÍTULO III

Regras Relativas à Distinção entre o Normal e o Patológico

CONDUZIDA segundo as regras precedentes, a observação confunde duas ordens de fatos muito dessemelhantes em alguns de seus aspectos: os que são como deviam ser, e os que deviam ser diferentes do que são, isto é, os fenômenos normais e os fenômenos patológicos. Já verificamos que tanto uns quanto outros devem ser compreendidos na definição pela qual sói iniciar toda e qualquer pesquisa. Mas se, sob certos aspectos, são da mesma natureza, não deixam de constituir duas variedades diferentes que é importante distinguir. Possuirá a ciência meios que permitam estabelecer tal distinção?

Esta questão é da maior importância; pois de sua solução depende a idéia que se formula do papel a ser desempenhado pela ciência em geral, sobretudo pelas ciências do homem. De acordo com uma teoria que tem partidários recrutados nas mais diversas escolas, a ciência nada nos ensina sobre o que devemos almejar. Ela não deve senão conhecer fatos, e estes têm todos o mesmo valor e o mesmo interesse; observa-os, explica-os, mas não os julga; não há, para ela, fatos passíveis de censura. O bem e o mal não existem a seus olhos. Pode explicar como determinadas causas produzem tais e tais efeitos, mas não que fins devem ser perseguidos. Para saber o que é desejável e não aquilo que existe, é necessário recorrrer às sugestões do inconsciente, seja qual for o nome que lhe dêem: sentimentos, instintos, impulso vital, etc. A ciência, afirma um escritor já citado anteriormente, pode esclarecer o mundo, mas deixa os corações na obscuridade; cabe ao coração procurar a luz que lhe é própria. Assim se encontra a ciência mais ou menos destituída de toda eficácia prática e, por conseguinte, sem grande razão de ser pois para que se esforçar por conhecer o real, se o conhecimento adquirido não nos pode servir em nada na vida prática? Dir-se-á que, revelando-nos as causas dos fenômenos, fornece-nos os meios de produzi-los à vontade e, portanto, de alcançar os fins que nossa vontade persegue por motivos supracientíficos. Mas, de certo ponto de vista, todo meio é em si mesmo um fim; pois, para pô-lo em prática, é preciso desejá-lo, do mesmo modo que queremos o fim cuja realização prepara. Existem sempre vários caminhos que levam a um objetivo visado; é preciso, pois, escolher entre eles. Ora, se a ciência não nos pode auxiliar na escolha do melhor objetivo, como nos poderia ensinar qual a melhor via de acesso até ele? Por que razão nos recomendaria a mais rápida, de preferência à mais econômica, a mais segura de preferência à mais simples, ou inversamente? Se não nos pode guiar na determinação dos fins superiores, não será menos impotente quando se tratar desses fins secundários e subordinados aos quais chamamos meios.

É verdade que o método ideológico dá ensejo a que se escape de tal misticismo; e foi este desejo de escapar que permitiu a persistência dele. Os que o praticaram eram efetivamente por demais racionalistas para deixar de admitir que a conduta humana necessitava ser dirigida pela reflexão; todavia, não enxergavam nos fenômenos, tomados em si mesmos e independentemente de qualquer aspecto subjetivo, nada que permitisse classificá-los segundo seu valor prático. Parecia, pois, que o único meio de exercer uma avaliação era ligá-los a algum conceito que os dominasse; por conseguinte, em qualquer sociologia racional, o emprego de noções que presidissem à comparação dos fatos se tornava indispensável, em lugar de derivar destes os conceitos. Sabemos, no entanto, que se nestas condições a prática se torna uma prática refletida, a reflexão assim empregada não é científica.

O problema que acabamos de colocar vai nos permitir reivindicar os direitos da razão sem recair na ideologia. Com efeito, para as sociedades como para os indivíduos, sendo a saúde boa e desejável, é a doença, ao contrário, algo de ruim que deve ser evitado. Se, então, encontrarmos um critério objetivo, inerente aos próprios fatos, que nos permita, nas diversas ordens de fenômenos sociais, distinguir científicamente a saúde da doença, a ciência será capaz de esclarecer a prática, muito embora se conservando fiel ao método que lhe é próprio. Como não consegue, presentemente, atingir o indivíduo, não pode sem dúvida nos fornecer senão indicações gerais, que só serão convenientemente diversificadas se entrarmos diretamente em contacto com o individual, por meio da sensação. O estado de saúde, tal qual o define a ciência, não poderia convir exatamente a nenhum indivíduo, uma vez que não é estabelecido senão por intermédio de circunstâncias as mais comuns, das quais todos estão mais ou menos afastados; constitui, todavia, um ponto de apoio precioso para orientar a conduta. O fato de precisarmos em seguida ajustá-lo a cada caso especial não significa que seu conhecimento deixa de oferecer interesse. Pelo contrário, torna-se a norma que deve servir de base a todos os nossos raciocínios práticos. Nestas condições, não temos mais o direito de afirmar que o pensamento é inútil à ação. Entre ciência e arte não existem mais abismos; passa-se de uma para outra sem solução de continuidade. É verdade que a ciência não pode descer aos fatos senão por intermédio da arte, mas a arte não é senão um prolongamento da ciência. E cabe ainda indagar se a insuficiência prática desta última não irá diminuindo, à medida que as leis que estabelece forem exprimindo de maneira cada vez mais completa a realidade individual.

I

O sofrimento é vulgarmente considerado como indício de doença, e é certo que em geral existe entre estes dois fatos uma relação, que no entanto é falha de constância e de precisão. Há diáteses graves não acompanhadas de dor, enquanto perturbações sem importância, — um carvãozinho dentro do olho, — causam verdadeiros suplícios. E mesmo nalguns casos a ausência de dor, ou ainda a ocorrência de prazer, constituem os sintomas da doença. Há certa insensibilidade que é patológica. Em circunstâncias que fariam sofrer um homem comum, pode o neurastênico experimentar sensações de gozo cuja natureza mórbida é incontestável. E, ao contrário, a dor acompanha muitos estados como a fome, a fadiga, o parto, que são fenômenos puramente fisiológicos.

Poderemos dizer que, consistindo num desenvolvimento feliz das forças vitais, é a saúde reconhecível por intermédio da perfeita adaptação do organismo ao meio que é o seu: chamar-se-ia então doença tudo o que perturba esta adaptação? Contudo, em primeiro lugar — e mais tarde voltaremos a este ponto — não está ainda demonstrado que cada estado do organismo esteja em correspondência com algum estado exterior. Ainda mais, embora, este critério fosse verdadeiramente distintivo do estado de saúde, necessitaria também de um outro para poder ser reconhecido; seria preciso que êste nos indicasse segundo que princípio podemos decidir que tal maneira de se adaptar é superior a tal outra.

Se admitirmos como saúde o estado de um organismo em que as possibilidades de sobrevivência atingem o máximo, e como doença, pelo contrário, tudo o que tem por efeito diminuir tais possibilidades, poder-se-ia dizer que o critério de distinção entre ambas seria a maneira pela qual uma e outra afetam aquelas. Não há dúvida de que, com efeito, a doença tem em geral e realmente por conseqüência um enfraquecimento do organismo. No entanto, ela não é a única a produzir tal resultado. As funções de reprodução, em certa espécies inferiores, resultam fatalmente na morte e, mesmo nas espécies mais elevadas, acarretam riscos; constituem, no entanto, funções normais. A velhice e a infância produzem os mesmos efeitos; pois velho e criança são mais acessíveis às causas de destruição. Teremos então de considerá-los como doentes, e não admitiremos como tipo saudável senão o adulto? Isto restringiria singularmente o domínio da saúde e da fisiologia! Por outro lado, se a velhice é em si mesma uma doença, como distinguir o velho são do velho doente? Desse ponto de vista, seria também necessário classificar a menstruação como um fenômeno mórbido; pois, pelas perturbações que determina, aumenta a receptividade da mulher em relação às doenças. Porém, como qualificar de doentio um estado cuja ausência ou desaparecimento prematuro constituem incontestavelmente fenômeno patológico? Raciocina-se nesta questão como se, num organismo são, cada detalhe tivesse, por assim dizer, um papel de utilidade a desempenhar; como se cada estado interno respondesse exatamente a alguma condição externa e, por conseguinte, contribuísse poi sua parte a assegurar o equilíbrio vital e a diminuir as possibilidades de morte. É, ao invés, legítimo supor que certos arranjos anatômicos ou funcionais não têm diretamente nenhuma utilidade, existindo simplesmente por existir, porque não podem deixar de existir, dadas as condições gerais da vida. Não seria, pois, possível tachá-los de mórbidos; pois a doença é, antes de tudo, algo possível de evitar, que não está implícito na constituição regular do ser vivo. Ora, pode acontecer que, em lugar de fortificar o organismo, aqueles arranjos em questão diminuam sua força de resistência, aumentando, por conseguinte, os riscos mortais.

Por outro lado, não é certo que a doença tenha sempre o resultado em função do qual se procura defini-la. Pois não existe uma quantidade de afecções ligeiras demais para que lhes possamos atribuir influência sensível sobre as bases vitais do organismo? Mesmo entre as mais graves, há algumas cujas conseqüências nada têm de perigoso quando podemos lutar contra elas utilizando as armas de que dispomos. O indivíduo que sofre de gastrite pode viver tanto quanto um homem são se seguir um bom regime; fica sem dúvida obrigado a certos cuidados. Mas não estamos todos obrigados também a cuidar de nós mesmos, e a vida poderia ser mantida de outra maneira? Cada um tem seu regime de vida peculiar; a do doente não se assemelha à que pratica a média dos homens de seu tempo e de seu meio; mas é esta a única diferença que existe entre ambos, neste ponto de vista. A doença não nos deixa sempre desamparados, num estado de desadaptação irremediável; ela apenas nos constrange a uma outra adaptação, diferente da exigida da maioria de nossos semelhantes. Quem nos diz até que não existam doenças que afinal de contas são úteis? A varíola que inoculamos por meio da vacina é na verdade uma doença que provocamos voluntariamente, e no entanto aumenta nossas possibilidades de sobrevivência. E há talvez muitos outros casos em que a perturbação causada pela doença é insignificante quando comparada com as imunidades que confere.

Finalmente, e sobretudo, este critério de sobrevivência é o mais das vezes inaplicável. Pode-se a rigor estabelecer que a taxa mais baixa de mortalidade que se conhece é encontrada em tal grupo determinado de indivíduos mas não se pode demonstrar que não existiria outra taxa ainda mais baixa. E quem garante não serem possíveis outras combinações tendo por efeito diminuí-la ainda mais? Se nos ativermos à definição precedente, o *minimum* de fato não é, pois, prova de perfeita adaptação, nem, por conseguinte, índice seguro de estado de saúde. E mais ainda, um grupo desta natureza é muito difícil de se constituir e de se isolar de todos os outros — o que seria necessário para se poder observar a constituição orgânica de que tem o privilégio e que é a suposta causa de sua superioridade. Se, em se tratando de uma doença cujo desenlace é geralmente mortal, é evidente que as probabilidades do indivíduo sobreviver estão diminuídas; no caso inverso, a prova se torna singularmente difícil, isto é, quando a afecção não é de natureza a acarretar diretamente a morte. Não existe, com efeito, senão uma maneira objetiva de provar que, colocados em condições definidas, uns indivíduos têm menos possibilidades de sobreviver do que outros: é mostrar que, de fato, a maioria destes vive menos tempo. Ora, se tal demonstração é freqüentemente possível no caso de doenças puramente individuais, torna-se impraticável em sociologia. Pois não possuímos aqui o ponto de apoio de que dispõe o biólogo, isto é, a taxa média de mortalidade. Não sabemos nem mesmo distinguir com exatidão aproximada em que momento uma Sociedade nasce, em que momento morre. Todos estes problemas que já na biologia estão longe de serem claramente solucionados, permanecem ainda envolvidos em mistérios para os sociólogos. Além disso, os acontecimentos que se produzem no decorrer da vida social e que se repetem de maneira mais ou menos idêntica em todas as sociedades do mesmo tipo, são por demais variados para que seja possível determinar em que medida um deles pode ter contribuído para apressar o desenlace final. Em se tratando de indivíduos, como são muito numerosos, podemos escolher aqueles que faremos figurar na comparação de modo que não apresentem em comum senão uma única e mesma anomalia; esta se encontra assim isolada de todos os fenômenos concomitantes e pode-se, por conseguinte, estudar a natureza de sua influência sobre o organismo. Se, por exemplo, um milhão de reumáticos, tomados ao acaso, apresentar mortalidade sensìvelmente superior à média, há boas razões para se atribuir este resultado à diátese reumática. Em sociologia, porém, como cada espécie social não conta senão com pequeno número de indivíduos, o campo de comparação é restrito demais para que agrupamentos deste gênero sejam demonstrativos.

Ora, na falta desta prova de fato, não são possíveis senão raciocínios dedutivos cujas conclusões só têm o valor de presunções subjetivas. Demonstrar-se-á, não que tal acontecimento enfraquece realmente o organismo social, mas que deve ter esse efeito. Para tanto, far-se-á ver que não poderá senão acarretar como conseqüência tal ou tal resultado que se julga nocivo para a sociedade, e a êsse título será declarado mórbido. Mas, mesmo supondo que engendre efetivamente tal conseqüência, pode acontecer que os inconvenientes do resultado sejam compensados, de muito, por vantagens que não percebemos. E ainda mais, não há senão uma razão que possa permitir tratá-lo como funesto, é o fato de perturbar o desenrolar normal das funções. No entanto, esta prova já considera o problema como resolvido; pois ela não é possível senão estando previamente determinado em que consiste o estado normal e, por conseguinte, desde que se sabe o sinal que o torna reconhecível. Procurar-se-á fabricá-lo de um só golpe e *a priori?* Não é necessário demonstrar que valor pode ter uma construção destas. É por isso que, em sociologia e em história, os mesmos acontecimentos são qualificados de salutares ou desastrosos conforme os sentimentos pessoais de quem os estuda. Assim, vemos contìnuamente teóricos incréus assinalando como fenômenos mórbidos os restos de fé que sobrevivem por entre o desabar geral das crenças religiosas, enquanto, para os crentes, é justamente a impiedade a grande doença social dos dias atuais. Também para um socialista a organização econômica atual é um fato de teratologia social, enquanto para o economista ortodoxo são as tendências socialistas que se apresentam como patológicas por excelência. E cada qual encontra, para apoiar sua opinião, silogismos que julga bem construídos.

O defeito comum destas definições é querer atingir prematuramente a essência dos fenômenos. Por isso supõem estabelecidas proposições que, verdadeiras ou não, só podem ser provadas quando a ciência estiver suficientemente avançada. É, portanto, novamente o caso de nos conformarmos com a regra que estabelecemos prèviamente. Em lugar de pretender determinar de saída as relações do estado normal de seu contrário com as forças vitais, procuremos simplesmente algum sinal exterior, imediatamente perceptível mas objetivo, que nos permita distinguir uma da outra essas duas ordens de fatos.

Qualquer fenômeno sociológico como, de resto, qualquer fenômeno biológico, é suscetível de revestir formas diferentes segundo os casos, permanecendo porém essencialmente igual a si mesmo. Ora, essas formas são de dois tipos. Umas são gerais em toda a extensão da espécie; são encontradas, se não em todos os indivíduos, pelo menos na maioria deles e, se não se repetem idênticas em todos os casos em que são observadas, variando de um para outro indivíduo, as variações estão compreendidas entre limites muito próximos. Outras existem, ao contrário, que são excepcionais; são encontradas não apenas numa minoria de vezes, mas mesmo quando se produzem, não duram em geral a vida toda do indivíduo. Constituem exceção no tempo como no espaço (1). Estamos então em presença de duas variedades distintas de fenômenos, que devem ser designados por termos diferentes. Chamaremos normais os fatos que apresentam as formas mais gerais, e daremos aos outros o nome de mórbidos ou patológicos. Se decidirmos chamar de tipo médio um ser esquemático — espécie de individualidade abstrata, — constituído pela reunião, num mesmo todo, dos caracteres mais freqüentes da espécie em suas formas mais habituais, poder-se-ia dizer que o tipo normal se confunde com o tipo médio e que todo desvio com relação a este padrão de saúde é um fenômeno mórbido. É verdade que não seria possível determinar um tipo médio com a mesma nitidez que um tipo individual, uma vez que seus atributos constitutivos não estão fixados de maneira absoluta, mas são suscetíveis de variar. Porém, a possibilidade de sua constituição não é posta em dúvida, uma vez que constitui a matéria imediata da ciência; pois confunde-se com o tipo genérico. O que o fisiologista estuda são as funções

---

(1) Pode-se distinguir por aí a doença da monstruosidade. A segunda não é uma exceção senão no espaço; não existe na média da espécie, mas dura toda a vida dos indivíduos em que é encontrada. Vê-se, de resto, que estas duas ordens de fatos não diferem senão em grau e são, no fundo, da mesma natureza; as fronteiras entre ambas são muito indecisas, pois a doença não é incapaz de se tornar fixa, nem a monstruosidade é incompatível com o devenir. Não é possível, pois, separá-las radicalmente quando as definimos. A distinção entre elas não pode ser mais categórica do que a distinção entre o morfológico e o fisiológico, uma vez que, em suma, o mórbido é o anormal na ordem fisiológica, do mesmo modo que a teratologia é o anormal na ordem anatômica.

do organismo médio, e o sociólogo faz o mesmo. Sendo possível distinguir uma das outras as espécies sociais — questão de que trataremos mais adiante — é sempre possível descobrir qual a forma mais geral que apresenta um fenômeno numa espécie determinada.

Vê-se que um fato não pode ser qualificado de patológico senão com relação a uma espécie dada. As condições de saúde e de doença não podem ser definidas *in abstracto,* e nem de maneira absoluta. A regra não é contestada em biologia; jamais passou pelo espírito de alguém que o que é normal para um molusco é também normal para um vertebrado. Cada espécie tem a sua saúde, porque tem o tipo médio que lhe é próprio, e a saúde das espécies mais inferiores não é mais diminuta do que a das mais elevadas. O mesmo princípio se aplica à sociologia, embora seja aí muitas vezes incompreendido. É preciso renunciar ao hábito, ainda muito disseminado, de julgar uma instituição, uma prática, uma máxima moral como se fossem boas ou más em si mesmas e por si mesmas, e todos os tipos sociais indistintamente.

Uma vez que varia com as espécies o ponto de reparo em relação ao qual pode-se julgar da saúde ou da doença, pode também variar para uma e mesma espécie, se esta vier a se modificar. É assim que, do ponto de vista puramente biológico, o que é normal para o selvagem não o é sempre para o civilizado, e vice-versa (1). Existe, principalmente, uma ordem de variações que é preciso levar em consideração porque se produz regularmente em todas as espécies; é a que se liga à idade. A saúde do velho não é a do adulto, nem a deste é a da criança; e o mesmo acontece com as sociedades (2). Um fato social não pode, pois, ser acoimado de normal para uma espécie social determinada, senão em relação com uma fase, igualmente determinada, de seu desenvolvimento; por conseguinte, para saber se é possível lhe dar tal denominação, não

---

(1) Por exemplo, o selvagem que tivesse o tubo digestivo reduzido e o sistema nervoso desenvolvido do civilizado saudável, seria um doente em relação ao seu meio.

(2) Resumimos esta parte da exposição; pois não podemos senão repetir aqui, com relação aos fatos sociais em geral, o que dissemos, em outra parte a propósito da distinção dos fatos morais em normais e anormais. (Ver *Division du travail social,* págs. 33-39.)

basta observar sob que forma se apresenta na generalidade das sociedades que pertencem a esta espécie, é preciso ainda ter o cuidado de considerá-lo na fase correspondente de evolução da mesma.

Parece que acabamos simplesmente de proceder a uma definição de termos; pois nada mais fizemos que agrupar os fenômenos segundo suas semelhanças e diferenças, apondo nomes aos grupos assim formados. Mas, na realidade, os conceitos que assim constituímos, além de apresentarem a grande vantagem de serem reconhecíveis por meio de caracteres objetivos e facilmente perceptíveis, não se afastam da noção que comumente se formula a respeito de saúde e doença. Pois não é a doença concebida por todos como um acidente, que a natureza do vivo comporta sem dúvida, mas que habitualmente não engendra? Era o que os filósofos antigos queriam exprimir, quando diziam que não derivava da natureza das coisas, que era o produto de uma espécie de contingência imanente aos organismos. Não há dúvida de que esta concepção constitui a negação de toda ciência; pois a doença nada tem de mais milagroso do que a saúde; ela também se funda na natureza dos seres. Todavia, não se baseia em sua natureza normal; não está implícita no temperamento ordinário, nem ligada às condições de existência de que dependem geralmente os indivíduos. E, inversamente, o tipo da saúde se confunde, para todo o mundo, com o da espécie. Não é possível mesmo, sem contradição, conceber uma espécie que, por si mesma e em virtude de sua constituição fundamental, seja irremediàvelmente doente. A espécie é por excelência a norma e, por conseguinte, nada poderia conter de anormal.

É verdade que, correntemente, entende-se também por saúde um estado geralmente preferível à doença. Mas esta definição está contida na precedente. Não foi sem razão, com efeito, que os caracteres cuja reunião forma o tipo normal se puderam generalizar numa espécie. A generalidade constitui, também, um fato que necessita ser explicado e que, por isso mesmo, reclama uma causa. Ora, tal fato seria inexplicável se as formas de organização mais espalhadas não fossem também, *pelo menos em seu conjunto*, as mais vantajosas. Como poderiam manterse, em tão grande variedade de circunstâncias, se não produzissem nos indivíduos meios de resistir melhor às causas de destruição? Se, por outro lado, as outras formas de organização são mais raras, é evidentemente porque, na média dos casos, os indivíduos que as apresentem têm mais dificuldade para sobreviver. A maior freqüência das primeiras é, pois, prova de sua superioridade(1).

II

Esta última observação fornece até um meio de controlar os resultados do método precedente.

A generalidade, que caracteriza exteriormente os fenômenos normais, sendo ela mesma um fenômeno explicável, tem lugar, após ter sido diretamente estabelecida pela observação, procurar explicá-la. De antemão se pode ter certeza, sem dúvida, de que ela tem uma causa, mas é melhor procurar saber com segurança qual é esta. O caráter normal do fenômeno será, com efeito, incontestável, se demonstrarmos que o sinal exterior que de primeiro o tinha revelado não era puramente aparente, mas fundado na natureza das coisas; se, numa palavra, se puder erigir esta normalidade de fato em normalidade de direito. De resto, a demonstração não consistirá sempre em fazer ver que o fenômeno é útil ao organismo, embora seja este o caso mais freqüente pelas razões que acabamos de explicar; pode acon-

---

(1) GAROFALO procurou, é verdade, distinguir o mórbido do anormal (*Criminologie,* págs. 109-110). Mas os dois únicos argumentos sôbre que apóia esta distinção são os seguintes: 1) o têrmo doença significa sempre algo que tende à destruição total ou parcial do organismo; se não há destruição, é porque há cura, mas nunca estabilidade como em várias anomalias. Todavia, acabamos de ver que o anormal também é uma ameaça para o vivo na média dos casos. É verdade que tal não se dá sempre; porém, os perigos implícitos na doença não existem igualmente senão na generalidade das circunstâncias. Quanto à ausência de estabilidade, que distinguiria o mórbido, mencioná-la é esquecer as doenças crônicas e separar radicalmente o teratológico do patológico. As monstruosidades são fixas. 2) O normal e o anormal variam com as raças, segundo se diz, enquanto a distinção entre fisiológico e patológico é válida para todo o *genus homo.* Acabamos de mostrar, ao contrário, que muitas vezes o que é mórbido para o selvagem não o é para o civilizado. As condições de saúde física variam segundo os meios.

tecer também, como notamos atrás, que um arranjo seja normal sem que sirva para nada, apenas porque está necessariamente implícito na ordem do ser. Assim, seria talvez útil que o parto não determinasse perturbações tão violentas no organismo feminino; mas tal é impossível. Por conseguinte, a normalidade do fenômeno será explicada somente pelo fato de que se liga às condições de existência da espécie considerada, seja como um efeito mecanicamente necessário de tais condições, seja como um meio que permite aos organismos adaptar-se a essas mesmas condições (1).

A prova não é útil somente a título de controle. Com efeito, não se deve esquecer que, se há interesse em distinguir o normal do anormal, é sobretudo tendo em vista o esclarecimento da prática. Ora, para agir em conhecimento de causa, não é suficiente saber o que devemos querer, mas porque devemos querê-lo. As proposições científicas relativas ao estado normal serão aplicáveis de maneira mais imediata aos casos particulares quando estiverem acompanhadas de suas razões; pois então se saberá melhor reconhecer quando, em que sentido é conveniente, ao aplicá-las, trazer-lhes modificações.

Há também circunstâncias em que a verificação é rigorosamente necessária, porque, se empregado o primeiro método apenas, pode redundar em erro. É o que acontece nos períodos de transição em que a espécie toda se encontra em evolução, sem que uma forma nova se tenha já fixado definitivamente. Neste caso, o único tipo normal no momento realizado e encontrado nos fatos, é o tipo vindo do passado, que portanto não está mais em relação com as novas condições de existência. Um fato pode assim persistir em toda a extensão da espécie, embora não correspondendo mais às exigências da situação. Não oferece, então, mais do que as aparências de normalidade; pois a generalidade que apresenta não constitui senão rubrica mentirosa, uma vez que, não se mantendo senão pela força cega do hábito, não se pode mais ver nela um índice de que o fenômeno observado está estritamente ligado às condições gerais

---

(1) Pode-se, é verdade, perguntar se o próprio fato de um fenômeno derivar necessariamente das condições gerais de vida, não o torna útil. Não podemos tratar desta questão, que é filosófica. Todavia, tornaremos a tocar nela mais adiante.

da existência coletiva. Esta dificuldade é, além disso, peculiar à sociologia; não existe, por assim dizer, para o biólogo. Com efeito, é muito raro que as espécies animais se vejam na necessidade de adotar formas imprevistas. As únicas modificações normais pelas quais passam são aquelas que se reproduzem de modo regular em cada indivíduo, principalmente sob a influência da idade. São, pois, ou podem ser conhecidas de antemão, uma vez que já se encontram realizadas numa multidão de casos; por conseguinte, podemos saber em cada momento do desenvolvimento animal e mesmo nos períodos de crise, em que consiste o estado normal. Tal ainda se dá também em sociologia para as sociedades que pertencem às espécies inferiores. Pois, como muitas delas já cursaram toda a sua carreira, a lei de sua evolução normal está, ou pelo menos pode ser, estabelecida. Mas quando se trata de sociedades mais elevadas e mais recentes, esta lei é por definição desconhecida, uma vez que não percorreram ainda a totalidade de sua história. O sociólogo pode então se ver embaraçado para estabelecer se um fenômeno é normal ou não, uma vez que lhe falta todo e qualquer ponto de reparo.

Poder-se-á sair da dificuldade segundo o processo que acabamos de explicar. Depois de estabelecer pela observação que o fato é geral, reportar-se-á o sociólogo às condições que determinaram esta generalidade no passado e procurará, em seguida, determinar se tais condições ainda existem no presente ou se, ao contrário, já se modificaram. No primeiro caso, terá o direito de considerar o fenômeno como normal; no segundo caso, de lhe recusar tal caráter. Por exemplo, para saber se o estado econômico atual dos povos europeus, com sua característica ausência de organização (1), é normal ou não, procurar-se-á, no passado, o que lhe deu origem. Se estas condições são ainda aquelas em que atualmente se encontra nossa sociedade, é porque a situação é normal, a despeito dos protestos que desencadeia. Mas, pelo contrário, se acontece de ela aparecer ligada a esta velha estrutura social que em outra parte qualifi-

(1) Ver, a propósito, uma nota que publicamos na *Revue Philosophique* (número de novembro de 1893) sobre "La définition du socialisme".

camos de segmentária(1) e que, depois de ter constituído a ossatura essencial das sociedades, se vai apagando mais e mais, devemos concluir que constitui presentemente um estado mórbido, por mais universal que se mostre. Todas as questões controvertidas do mesmo gênero — por exemplo, avaliar se o enfraquecimento das crenças religiosas, o desenvolvimento dos poderes do Estado, são fenômenos normais ou não, — deverão ser resolvidas segundo o mesmo método(2).

Todavia, em caso nenhum tal método poderia ser substituído por aquele que primeiramente explicamos, e nem mesmo empregado antes dêle. Em primeiro lugar, toca em questões de que falaremos mais adiante, e que não podem ser abordadas senão quando a ciência já estiver suficientemente avançada; pois implica, em suma, numa explicação quase completa dos fenô-

---

(1) As sociedades segmentárias, e notadamente as sociedades segmentárias de base territorial, são aquelas cujas articulações essenciais correspondem às divisões territoriais (ver *Division du travail social*, págs. 189-210).

(2) Em certos casos, pode-se proceder de maneira um pouco diferente e demonstrar se um fato, cujo caráter normal parece duvidoso, merece ou não tal suspeita, mostrando que se liga estreitamente ao desenvolvimento anterior do tipo social considerado, e mesmo ao conjunto da evolução social em geral, ou então, pelo contrário, que contradiz um e outro. Foi assim que pudemos demonstrar que o enfraquecimento atual das crenças religiosas, ou, de modo mais geral, dos sentimentos coletivos para com objetos coletivos, nada tem de anormal; provamos que tal enfraquecimento se torna cada vez mais marcante à medida que as sociedades se aproximam do nosso tipo atual, e quanto mais êste, por sua vez, se vai desenvolvendo (*Division du travail social*, págs. 73-182). Mas, no fundo, êste método não é senão um caso particular do precedente. Pois se a normalidade do fenômeno pôde ser estabelecida desta maneira, é porque êle ao mesmo tempo se liga às condições mais gerais de nossa existência coletiva. Com efeito, se, por um lado, esta regressão da consciência religiosa se mostra tanto mais marcada quanto a estrutura de nossas sociedades também se apresenta mais determinada, é porque se liga, não a qualquer causa acidental, mas à própria constituição de nosso meio social; e como, por outro lado, as particularidades características desta última estão certamente mais desenvolvidas hoje do que antigamente, não há nada de anormal em que os fenômenos que delas dependem estejam êles mesmos ampliados. Êste método difere do precedente sòmente em que as condições que explicam e justificam a generalidade do fenômeno são induzidas e não diretamente observadas. Sabe-se que ele se liga à natureza do meio social, mas sem saber por onde nem como.

menos, uma vez que supõe determinadas ou suas causas, ou suas funções. Ora, é preciso que, desde o início da pesquisa, seja possível classificar os fatos em normais e anormais, sob reserva de alguns casos excepcionais, a fim de poder conferir seus domínios respectivos à fisiologia e à patologia. Em seguida, um fato poderá ser dado como útil ou necessário — e é aí então que poderá ser qualificado de normal — somente quando avaliado em relação ao tipo normal. Caso contrário, poder-se-á demonstrar que a doença se confunde com a saúde, uma vez que deriva necessariamente do organismo por ela atingido; não é senão com o organismo médio que não sustenta a mesma relação. Do mesmo modo, a aplicação de um remédio, sendo útil ao doente, poderia passar por fenômeno normal, embora seja evidentemente anormal, pois é apenas em circunstâncias anormais que tem tal utilidade. Este método não pode, pois, ser utilizado senão quando o tipo normal já ficou anteriormente constituído, e esta constituição só se pode dar mediante processo diverso. Finalmente, e sobretudo, se é verdade que tudo quanto é normal é útil (a menos que seja necessário), é falso que tudo o que é útil seja normal. Podemos ter certeza de que os estados que se generalizaram na espécie são muito mais úteis do que os que permaneceram excepcionais; mas não se sabe se são os mais úteis de todos os que existam, ou que possam existir. Não temos razão nenhuma de crer que todas as combinações possíveis foram tentadas no decorrer da experiência e, entre as que nunca foram realizadas, existem algumas que talvez sejam muito mais vantajosas do que as que conhecemos. A noção de útil ultrapassa a de normal; está para esta como o gênero está para a espécie. Ora, é impossível deduzir o mais do menos, a espécie do gênero. Mas pode-se encontrar o gênero na espécie, uma vez que esta o contém. Eis porque, uma vez constatada a generalidade do fenômeno, pode-se confirmar os resultados do primeiro método fazendo ver como ele funciona (1). Podemos, pois, formular as três regras seguintes:

---

(1) Mas então, dir-se-á, a realização do tipo normal não é o objetivo mais elevado que se possa propor e, para ultrapassá-lo, é preciso ultrapassar a ciência. Não nos vemos na contingência de tratar aqui esta questão *ex-professo;* respondemos somente: 1) que ela é inteiramente teórica pois, efetivamente, o tipo normal, o estado de

1. *Um fato social é normal para um tipo social determinado considerado numa fase determinada de seu desenvolvimento, quando se produz na média das sociedades desta espécie, consideradas na fase correspondente de sua evolução.*

2. *Pode-se verificar os resultados do método precedente fazendo ver que a generalidade do fenômeno se prende às condições gerais da vida coletiva no tipo social considerado.*

3. *Esta verificação é necessária quando o fato se liga a um aspecto social que ainda não cumpriu sua evolução integral.*

III

É tal o hábito de, com uma palavra, resolver estas questões difíceis e decidir rapidamente, de acordo com observações sumárias e a golpes de silogismos, se um fato social é normal ou não, que este procedimento será talvez julgado como complicação inútil. Não parece que sejam precisos tantos rodeios para distinguir a doença da saúde. Pois não fazemos diariamente tal distinção? É verdade; mas resta saber se a fazemos de maneira conveniente. O que nos mascara as dificuldades do problema é vermos o biólogo resolvê-lo com relativa facilidade. Mas esquecemos que lhe é muito mais fácil do que ao sociólogo perceber a maneira pela qual cada fenômeno afeta a força de resistência do organismo, determinando-lhe o caráter normal ou anormal com exatidão praticamente suficiente. Em sociologia, a complexidade e a mobilidade maiores dos fatos obrigam a precauções muito mais numerosas, como o provam os julgamentos contraditórios de que o mesmo fenômeno é objeto por parte de diversas correntes. Para evidenciar bem o quanto esta cir-

---

saúde, é assaz difícil de se ver realizado e é atingido de maneira assaz rara para que não torturemos a imaginação procurando algo de melhor; 2) que estas melhorias, objetivamente mais vantajosas, não são só por isso objetivamente desejáveis; pois se não correspondem a nenhuma tendência latente ou em ação, nada acrescentariam à felicidade; se, por outro lado, correspondessem a alguma tendência, o tipo normal não se teria então realizado; 3) finalmente que, para melhorar o tipo normal, é preciso conhecê-lo. Não podemos, pois, em todo caso, ultrapassar a ciência senão sob a condição de nos apoiarmos nela.

cunspecção é necessária, mostremos por meio de alguns exemplos a que erros estamos expostos quando não tomamos as precauções e sob que aspecto novo os fenômenos mais essenciais aparecem, desde que tratados metodicamente.

O crime, — eis um fato cujo caráter patológico parece incontestável. Todos os criminologistas estão de acôrdo em tal ponto. Embora explicando de maneiras diferentes o caráter mórbido, reconhecem-no com unanimidade. Todavia, o problema é dos que necessitam ser tratados com menos ligeireza.

Apliquemos, com efeito, as regras precedentes. O crime não é encontrado sòmente na maioria das sociedades desta ou daquela espécie, mas em todas as sociedades de todos os tipos. Não existe nenhuma em que não haja alguma forma de criminalidade. Esta muda de feitio, os atos qualificados de crimes não são os mesmos em toda a parte; mas sempre e em todo o lugar houve homens que se conduziram de maneira a chamar sobre si a repressão penal. Se, pelo menos, a taxa de criminalidade, isto é, a relação entre a quantidade anual de crimes e a quantidade de população tendesse a baixar, à medida que as sociedades passavam dos tipos inferiores para os mais elevados, poder-se-ia acreditar que, embora permanecendo fenômeno normal, tendia, porém, o crime a perder esse caráter. Não temos, no entanto, nenhuma razão que nos permita crer na realidade desta regressão. Diversos fatos pareceriam antes demonstrar a existência de um movimento em sentido inverso. Desde o começo do século, a estatística nos fornece o meio de seguir a marcha da criminalidade; ora, ela aumentou em toda a parte. Na França, o aumento é de perto de 300%. Não existe, pois, fenômeno que apresente de maneira mais irrecusável todos os sintomas de normalidade, uma vez que aparece estreitamente ligado às condições de tôda a vida coletiva. Encarar o crime como uma doença social seria admitir que a doença não é algo de acidental mas, ao contrário, que em certos casos deriva da constituição fundamental do ser vivo; seria apagar toda distinção entre o fisiológico e o patológico. Não há dúvida de que o próprio crime pode apresentar formas anormais; é o que acontece quando, por exemplo, atinge taxas exageradas. Não há dúvida, também, de que tal excesso seja de natureza mórbida. O que é normal é simplesmente a existência da criminalidade, desde que, para cada tipo social, atinja e não ultrapasse determinado nível, que talvez não seja impossível fixar utilizando as regras precedentes (1).

Estamos, pois, em presença de uma conclusão assaz paradoxal em aparência. Mas é necessário não cair em erro. Classificar o crime entre os fenômenos de sociologia normal não é apenas dizer que constitui fenômeno inevitável, embora lastimável e devido à maldade incorrigível dos homens; é afirmar que é um fator da saúde pública, uma parte integrante de toda sociedade sã. Este resultado é, à primeira vista, tão surpreendente que nos desconcertou durante muito tempo. Todavia, uma vez dominada a primeira impressão de surpresa, não é difícil encontrar as razões que explicam esta normalidade e, concomitantemente, a confirmam.

Em primeiro lugar, o crime é normal porque seria inteiramente impossível uma sociedade que se mostrasse isenta dele.

Como mostramos noutra parte, consiste o crime num ato que ofende certos sentimentos coletivos dotados de energia e nitidez particulares. Para que os atos reputados criminosos numa sociedade dada possam deixar de ser cometidos, seria preciso que os sentimentos que eles ferem fossem encontrados em todas as consciências individuais sem exceção, e com o grau de força necessária para conter os sentimentos contrários. Ora, supondo que esta condição se pudesse efetivamente realizar, o crime só com isso não desapareceria, apenas mudaria de forma; pois a própria causa, que assim esgotaria as fontes da criminalidade, abriria imediatamente outras.

Com efeito, para que os sentimentos coletivos protegidos pelo direito penal de um povo, num momento determinado de sua história, consigam penetrar nas consciências que até agora lhes estavam fechadas, ou adquiram domínio ali onde este não era bastante, é preciso que alcancem intensidade superior à que possuíam até então. Necessário se torna que a comunidade em seu conjunto os ressinta com mais vivacidade; pois não

(1) Pelo fato de o crime ser um fenômeno de sociologia normal, não se deve concluir que o criminoso seja um indivíduo normalmente constituído do ponto de vista biológico e psicológico. As duas questões são independentes uma da outra. Compreender-se-á melhor esta independência quando tivermos mostrado mais adiante a diferença existente entre os fatos psíquicos e os fatos sociológicos.

podem tais sentimentos haurir noutra fonte força mais intensa que lhes permita impor-se a indivíduos que, anteriormente, lhes eram refratários. Para que os assassinos desapareçam, urge que o horror pelo sangue derramado se torne maior naquelas camadas sociais em que são recrutados; mas, para tal, é preciso que o próprio horror se torne maior em toda a extensão da sociedade. Contudo, a própria ausência do crime contribuiria diretamente para produzir este resultado; pois um sentimento parece muito mais respeitável quando é respeitado sempre e com unanimidade. Ninguém se apercebe, porém, de que estes estados intensos da consciência comum não podem ser assim reforçados sem que os estados mais fracos, cuja violação antes não dava nascimento senão a faltas puramente morais, se vejam concomitantemente mais fortes; pois os segundos não são senão o prolongamento, a forma atenuada dos primeiros. Assim, roubos e pequenos furtos ferem ambos o mesmo sentimento altruísta, que é o respeito pela propriedade alheia. Todavia, a ofensa perpetrada com um desses fatos é muito mais fraca do que a que é perpetrada pelo outro; e como, também, não há na média das consciências intensidade suficiente para que a mais leve das duas ofensas seja vivamente ressentida, esta é objeto de uma tolerância maior. Eis porque o indivíduo que cometeu uma indelicadeza com o alheio não sofre senão simples reprovação, enquanto o ladrão é punido. Mas se o sentimento se tornar mais forte a ponto de acabar em tôdas as consciências com o pendor que inclina o homem ao roubo, adquirirá maior sensibilidade para os desvios que, até então, não o tocavam senão ligeiramente; reagirá, pois, contra eles com maior vivacidade; a reprovação mais enérgica fará passar algumas das ofensas, de simples faltas morais que eram, ao estágio de crimes. Por exemplo, os contratos indelicados ou indelicadamente executados, que não despertavam senão reprovação pública ou reparações civis, tornar-se-ão delitos. Imaginai uma sociedade de santos, um claustro exemplar e perfeito. Os crimes propriamente ditos serão aí desconhecidos; mas as faltas que parecem veniais ao vulgo despertarão o mesmo escândalo que provocam os delitos ordinários nas consciências comuns. Se esta sociedade se encontra, pois, armada do poder de julgar e de punir, qualificará tais atos de criminosos e tratá-los-á como tais. É pela mesma razão que o homem perfeitamente honesto julga seus menores desfalecimentos morais com uma severidade que a multidão reserva para atos verdadeiramente delituosos. Outrora, as violências contra as pessoas eram mais freqüentes do que hoje porque o respeito pela dignidade individual era mais fraco. Como o respeito aumentou, tais crimes se tornaram mais raros; mas também muitos atos que feriam este sentimento entraram para o direito penal, de que não dependiam primitivamente (1).

Para exaurir todas as hipóteses logicamente possíveis, perguntar-se-á talvez porque esta unanimidade não se estenderia a todos os sentimentos coletivos sem exceção; porque mesmo os mais fracos não teriam energia bastante para prevenir toda dissidência. A consciência moral da sociedade seria então encontrada por inteiro em todos os indivíduos e com suficiente vitalidade para impedir qualquer ato que a ofendesse, fosse este falta puramente moral ou propriamente um crime. Mas uma uniformidade tão universal e tão absoluta é radicalmente impossível; pois o meio físico imediato em que cada um de nós está colocado, os antecedentes hereditários, as influências sociais de que dependemos variam de um indivíduo para outro e, por conseguinte, diversificam as consciências. Não é possível que todos nos tornemos inteiramente semelhantes, por isso que cada qual tem seu organismo próprio e que os organismos ocupam porções diferentes do espaço. Eis porque, mesmo entre os povos inferiores, em que a originalidade individual está muito pouco desenvolvida, esta não é todavia nula. Assim então, uma vez que não pode existir sociedade em que os indivíduos não divirjam mais ou menos do tipo coletivo, é inevitável também que, entre estas divergências, existam algumas que apresentem caráter criminoso. Pois o que lhes confere tal caráter não é sua importância intrínseca, mas a importância que a eles atribui a consciência comum. Se, pois, esta é mais forte, se possui bastante autoridade para tornar muito fracas em valor absoluto as divergências, também será mais sensível, mais exigente e, reagindo contra os menores desvios com a energia que, sendo diferente, não desencadearia senão contra as dissidências mais consideráveis, lhes atribuirá a mesma gravidade, isto é, marcá-las-á como criminosos.

---

(1) Calúnias, injúrias, difamação, dolo, etc.

O crime é, pois, necessário; ele se liga às condições fundamentais de toda a vida social e, por isso mesmo, tem sua utilidade; pois estas condições de que é solidário são, elas próprias, indispensáveis à evolução normal da moral e do direito.

Com efeito, não é mais possível contestar hoje que não apenas o direito e a moral variam de um tipo social para outro, mas ainda que eles se modificam num mesmo tipo se as condições de existência coletiva se modificarem. Porém, para que estas transformações sejam possíveis, é preciso que os sentimentos coletivos que estão na base da moral não sejam refratários à mudança e não apresentem, por conseguinte, senão uma energia moderada. Sendo muito fortes, deixariam de ser plásticos. Todo arranjo é, com efeito, um obstáculo à reorganização, e tanto mais quanto mais sólido for o arranjo primitivo. Quanto mais marcada for uma estrutura, mais oporá resistência a qualquer modificação, o mesmo se dando tanto com os arranjos funcionais quanto com os arranjos anatômicos. Ora, se não existissem crimes, esta condição não se verificaria; pois tal hipótese supõe que os sentimentos coletivos teriam alcançado um grau de intensidade sem exemplo na história. Nada é bom nem indefinidamente, nem desmedidamente. É preciso que a autoridade de que goza a consciência moral não seja excessiva; doutra maneira, ninguém ousaria levantar a mão contra ela e ela se cristalizaria facilmente numa forma imutável. Para que evolua, é preciso que a originalidade individual possa vir a lume; ora, para que a originalidade do idealista, que sonha ultrapassar seu século, se manifeste, é necessário que a do criminoso, que está abaixo do seu tempo, seja possível. Uma não existe sem a outra.

E não é tudo. Além desta utilidade indireta, acontece que o crime desempenha ele próprio um papel útil nesta evolução. Não apenas mostra que o caminho está aberto para as mudanças necessárias, como ainda, em certos casos, prepara diretamente estas mudanças. Onde existe, é porque os sentimentos coletivos estão no estado de maleabilidade necessária para tomar nova forma; e, ainda mais, contribui também às vezes para predeterminar a forma que tomarão. Com efeito, quantas vezes não é ele uma antecipação da moral que está para vir, um encaminhamento para o que tem que ser! Segundo o direito ateniense, Sócrates era criminoso e sua condenação não deixou de ser justa. Todavia, seu crime, isto é, a independência de seu pensamento, não foi útil apenas à humanidade como também à sua pátria. Pois servia para preparar uma moral e uma fé novas de que os atenienses tinham necessidade então, porque as tradições nas quais tinham vivido até aquela época não estavam mais em harmonia com suas condições de existência. Ora, o caso de Sócrates não é isolado; reproduz-se periodicamente na história. A liberdade de pensamento de que gozamos atualmente jamais teria podido ser proclamada se as regras que a proibiam não tivessem sido violadas antes de serem solenemente repudiadas. Naquele momento, porém, a violação constituía crime, pois tratava-se de ofensa contra sentimentos ainda muito vivos na generalidade das consciências. E contudo tal crime tinha utilidade, pois preludiava transformações, que, dia a dia, se tornavam mais necessárias. A liberdade filosófica teve por precursores toda a espécie de heréticos que o braço secular justamente castigou durante todo o curso da Idade Média, até a véspera dos tempos contemporâneos.

Deste ponto de vista, os fatos fundamentais da criminologia se apresentam a nós sob um aspecto inteiramente novo. Contrariamente às idéias correntes, o criminoso não aparece mais como um ser radicalmente insociável, como uma espécie de elemento parasitário, de corpo estranho e inassimilável, introduzido no seio da sociedade (1); constitui um agente regular da vida social. O crime, por seu lado, não deve mais ser concebido como um mal cujos limites de contenção não poderiam jamais ser suficientemente estreitos; mas, muito ao contrário de podermos nos felicitar quando acontece descer de maneira muito sensível abaixo do nível comum, muito certamente este progresso aparente é ao mesmo tempo contemporâneo e solidário de alguma perturbação social. É assim que nunca a quantidade de autuações por golpes e ferimentos desce tão baixo quanto em tempos de miséria (2). Aplicado ao crime este ponto de vista,

---

(1) Nós mesmos cometemos o erro de considerar deste modo o criminoso, por não termos aplicado aquela regra (*Division du travail social*, págs. 395-396).

(2) Além disso, porque o crime constitui um fato de sociologia normal não se pode inferir que não deva ser odiado. Também a dor nada tem de desejável; o indivíduo odeia-a como a sociedade odeia o crime, e todavia pertence à fisiologia normal. Não somente deriva ne-

ao mesmo tempo e em contragolpe a teoria do castigo se renova, ou antes, deve ser renovada. Com efeito, se o crime é doença, o castigo constitui seu remédio e não pode ser entendido doutra maneira; por isso todas as discussões que desperta se orientam para a questão de saber como deve ser concebido para desempenhar seu papel de remédio. Todavia, se o crime nada apresenta de mórbido, o castigo não poderia ter por objetivo remediá-lo e sua verdadeira função deve ser procurada noutro aspecto.

Não se suponha, pois, que as regras precedentemente enunciadas tiveram como única razão de ser alcançar a satisfação de certo formalismo lógico sem grande utilidade; pelo contrário, os fatos sociais mais essenciais mudam totalmente de caráter segundo as aplicamos ou não. Se, além disso, este exemplo é particularmente demonstrativo — e foi por isso que julgamos que nele nos devíamos deter — existem muitos outros que poderiam também ser utilmente citados. Não há sociedade em que, de regra, o castigo não seja proporcional ao delito; todavia, para a escola italiana, este princípio não passa de uma invenção de juristas destituída de toda solidez (1). Para tais criminologistas, é mesmo a instituição penal inteira, tal qual funcionou até o presente entre todos os povos conhecidos, que constitui fenômeno contrário à natureza. Já vimos que, para GAROFALO, a criminalidade peculiar às sociedades inferiores nada apresenta de natural. Para os socialistas, é a organização capitalista, apesar de sua generalidade, que constitui um desvio do estado normal, produzido pela violência e pelo artifício. Para SPENCER, ao contrário, é nossa centralização administrativa, é a extensão dos poderes governamentais que constituem os vícios radicais de nossa sociedade, muito embora uma e outra progridam da maneira mais regular e mais universal à medida que se avança

---

cessariamente da própria constituição de todo ser vivo, mas também desempenha um papel útil na vida, para o qual não encontra substituto. Seria, pois, desnaturar singularmente nosso pensamento considerá-lo como uma apologia do crime. Não julgaríamos necessário nem mesmo protestar contra tal interpretação, se não soubéssemos a que estranhas acusações e a que mal-entendidos nos expomos, ao empreender o estudo objetivo dos fatos morais, empregando para isso uma linguagem que não é a do vulgo.

(1) Ver GAROFALO, *Criminologie*, pág. 299.

na história. Não cremos que nunca alguém se tenha sistematicamente cingido à distinção do caráter normal ou anormal dos fatos sociais segundo seu grau de generalidade. É sempre recorrendo amplamente à dialética que estas questões são resolvidas.

Todavia, afastado o critério de generalidade, não sòmente nos expomos a confusões e a erros parciais como os que acabamos de lembrar, mas também tornamos impossível a própria ciência. Ela tem, com efeito, o estudo do tipo normal como objeto imediato; ora, se os fenômenos mais gerais podem ser mórbidos, pode também acontecer que o tipo normal não tenha jamais existido nos fatos. De que serve, então, estudá-los? Não conseguirão senão confirmar nossos preconceitos e arraigar ainda mais nossos erros, uma vez que destes são resultado. Se o castigo, se a responsabilidade, tais quais existem na história, não são senão produto da ignorância e da barbárie, para que o esforço de conhecê-los a fim de determinar-lhes as formas normais? Desse modo, é o espírito levado a se desviar de uma realidade que não apresenta maior interesse para se voltar sobre si mesmo e procurar, no íntimo, os materiais necessários à sua reconstrução. Para que a sociologia trate os fatos como coisas, é preciso que o sociólogo sinta a necessidade de erigir tais fatos em mestres. Ora, como o objeto principal de toda ciência da vida, individual ou social, é, em suma, definir o estado normal, explicando-o e distinguindo-o de seu contrário, se a normalidade não existir nas próprias coisas, se for, ao contrário, um caráter que lhes imprimimos a partir do exterior ou que lhe recusamos por quaisquer razões, desaparece esta dependência salutar. O espírito passa a se sentir à vontade diante da realidade que nada tem de extraordinário para lhe ensinar; não está mais contido pela matéria à qual se aplica, uma vez que, de certa maneira, é quem a determina. As diferentes regras que estabelecemos até agora são, pois, estreitamente solidárias umas com as outras. Para que a sociologia seja verdadeiramente uma ciência das coisas, é preciso que a generalidade dos fenômenos seja tomada como critério de sua normalidade.

Nosso método tem, além disso, a vantagem de regulamentar a ação e o pensamento ao mesmo tempo. Se aquilo que é desejável não constitui produto da observação, mas pode e deve ser determinado por uma espécie de cálculo mental, nenhum limite pode, por assim dizer, ser imposto às livres invenções da imaginação em busca de melhorias. Pois como traçar para a perfeição um limite que não possa ultrapassar? Por definição, escapa a qualquer limitação. O objetivo buscado pela humanidade recua, pois, até o infinito, desanimando a uns pelo seu próprio afastamento, excitando e enchendo de febre a outros que, ao invés, apertam o passo e se precipitam nas revoluções tentando dele se aproximar um pouco. Escapa-se deste dilema prático se aquilo que é desejável for considerado saúde, e se a saúde for algo de definido e de oferecido pelas coisas; pois então o objetivo do esforço fica de um só golpe dado e determinado. Não se trata mais de perseguir desesperadamente um fim que foge à medida que se avança, mas de trabalhar com regular perseverança para manter o estado normal, restabelecendo-o se está perturbado, reencontrado suas condições se vierem a mudar. O dever do homem de estado não é mais empurrar violentamente as sociedades para um ideal que lhe parece sedutor, mas seu papel é o do médico: por meio de uma boa higiene, previne a eclosão das doenças, e, quando estas se declaram, procura saná-las (1).

---

(1) Da teoria desenvolvida neste capítulo se deduziu algumas vezes que, segundo nossas idéias, a marcha ascendente da criminalidade no decorrer do séc. XIX era fenômeno normal. Nada está mais longe do que realmente pensamos. Muitos fenômenos que indicamos a propósito do suicídio (ver *Le suicide,* pág. 420 e segs.) tendem, ao contrário, a fazer crer que tal desenvolvimento é, em geral, mórbido. Todavia, poderia ser que um certo acréscimo de determinadas formas de criminalidade fosse normal, pois cada estado de civilização possui a criminalidade que lhe é própria. Mas a esse respeito não é possível formular senão hipóteses.

CAPÍTULO IV

Regras Relativas à Constituição dos Tipos Sociais

UMA VEZ que um fato social não pode ser qualificado de normal ou de anormal senão em relação a uma espécie social determinada, o que foi dito atrás implica que um ramo da sociologia é consagrado à constituição de tais espécies e à sua classificação.

Esta noção de espécie social tem, além disso, a grande vantagem de nos fornecer um meio termo entre as duas concepções contrárias de vida coletiva que, durante muito tempo, dividiu os espíritos; refiro-me ao nominalismo dos historiadores (1) e ao realismo extremo dos filósofos. Para o historiador, as sociedades constituem outras tantas individualidades heterogêneas, incomparáveis entre si. Cada povo tem sua fisionomia, sua constituição especial, seu direito, sua moral, sua organização econômica, que não convém senão a ele, e toda generalização é mais ou menos impossível. Para o filósofo, ao contrário, todos estes grupos particulares chamados tribos, cidades, nações, não constituem senão combinações contingentes e provisórias sem realidade própria. Nada existe de real a não ser a humanidade, e é dos atributos gerais da natureza humana que decorre toda a evolução social. Para os primeiros, por conseguinte, a história não é senão uma seqüência de acontecimentos que se encadeiam sem se reproduzir; para os segundos, estes mesmos acontecimentos não têm valor e interesse senão como ilustração de leis

---

(1) Denomino-o assim porque foi freqüente entre os historiadores, mas não quero dizer que fosse encontrado em todos eles.

gerais que estão inscritas na constituição do homem e que dominam todo o desenvolvimento histórico. Para aqueles, o que é bom para uma sociedade não poderia ser aplicado a outras. As condições do estado de saúde variam de um povo a outro e não podem ser determinadas teoricamente; é caso de prática, de experiência, de tateios. Para os outros, elas podem ser calculadas de uma vez por todas e para o gênero humano inteiro. Tinha-se, pois, a impressão de que a realidade social não podia ser objeto senão de uma filosofia abstrata e vaga, ou de monografias puramente descritivas. No entanto, é possível escapar desta alternativa desde que se reconheça que, entre a multidão confusa de sociedades históricas e o conceito único, mas ideal, de humanidade, existem intermediários: são as espécies sociais. Na idéia de espécie, com efeito, encontramos reunidas tanto a unidade que é exigida por toda pesquisa verdadeiramente científica quanto a diversidade que é dada nos fatos; sendo a mesma em todos os indivíduos que dela fazem parte, cada espécie difere no entanto da outra. A infinita variedade de instituições morais, jurídicas, econômicas, etc., permanece verdadeira, mas estas variações não são de tal natureza que não ofereçam nenhum ponto de apoio ao pensamento científico.

Foi por ter desconhecido a existência de espécies sociais que COMTE acreditou poder representar o progresso das sociedades humanas como idêntico ao de um povo único "ao qual seriam idealmente relacionadas todas as modificações consecutivas observadas entre as diferentes populações" (1). É que, com efeito, se não existir senão uma espécie social, as sociedades particulares não poderão diferir entre si senão em grau, segundo apresentarem de maneira mais ou menos completa os traços constitutivos desta espécie única, segundo exprimirem de maneira mais ou menos perfeita a humanidade. Se, pelo contrário, existirem tipos sociais qualitativamente distintos uns dos outros, por mais que os aproximemos não conseguiremos que se adaptem exatamente como as secções homogêneas de uma reta geométrica. O desenvolvimento histórico perde assim a unidade ideal e simplista que antes lhe era atribuída; fragmenta-se por assim dizer, numa quantidade de pedaços que, diferindo espe-

(1) *Cours de Philosophie Positive,* IV, pág. 263.

cificamente uns dos outros, não se poderão unir de modo contínuo. A famosa metáfora de PASCAL, retomada depois por COMTE, perde daqui por diante o valor de verdade.

Mas que fazer para constituir estas espécies?

I

Pode parecer, à primeira vista, que a única maneira de proceder é estudar cada sociedade em particular, por meio de monografias tão exatas e tão completas quanto possível, e em seguida comparar todas as monografias entre si, a fim de verificar onde concordam e onde divergem; então, segundo a importância relativa das semelhanças e das divergências, classificar-se-ão os povos em grupos semelhantes ou diferentes. Deve-se notar, em apoio deste método, que só ele é concebível quando se fala em ciência de observação. A espécie, com efeito, não é senão o resumo dos indivíduos; como, então, constituí-la, se não começarmos por descrever cada um deles, e completamente? A regra não seria elevar-se ao geral somente depois de ter observado o particular, e todo o particular? É por esta razão que por vezes se quis adiar o estabelecimento da sociologia até a época, indefinidamente afastada, em que a história, no estudo que efetua das sociedades particulares, tivesse alcançado resultados assaz objetivos e definidos para que pudessem ser utilmente comparados.

Todavia, na realidade, esta circunspecção não tem de científica senão a aparência. Com efeito, é inexato que a ciência não possa instituir leis senão depois de ter passado em revista todos os fatos que as leis exprimem, nem formar gêneros senão depois de ter descrito, integralmente, todos os indivíduos que compreendem. O verdadeiro método experimental tende antes a substituir os fatos vulgares que não são demonstrativos senão sob condição de serem muito numerosos e que, por conseguinte, não permitem senão conclusões sempre suspeitas, pelos fatos *decisivos* ou *cruciais,* como dizia BACON (1), os quais, por si mesmos e independentemente de sua quantidade, apresentam

---

(1) *Novum Organum,* II, § 36.

valor e interesse científico. É necessário proceder assim sobretudo quando se trata de constituir gêneros e espécies. Pois efetuar o inventário de todos os caracteres que pertencem a um indivíduo constitui problema insolúvel. Todo indivíduo é um infinito e o infinito não pode ser esgotado. Limitar-nos-emos às propriedades essenciais? Mas segundo que critério se fará a escolha destas propriedades? Torna-se necessário um critério que ultrapasse o indivíduo; e as monografias, por mais bem feitas, não no-lo poderiam fornecer. Sem mesmo levar as coisas a este extremo, pode-se prever que, quanto mais numerosos os caracteres que servirem de base à classificação, mais difícil será também que as diversas maneiras de se combinarem nos casos particulares apresentem semelhanças suficientemente visíveis e diferenças bastante marcantes para permitir a constituição de grupos e subgrupos definidos.

Mas ainda que uma classificação fosse possível segundo este método, teria o grande defeito de não prestar os serviços que constituem sua razão de ser. Na verdade, uma classificação deve, antes de tudo, ter por objeto abreviar o trabalho científico substituindo à multiplicidade indefinida dos indivíduos um número restrito de tipos. Mas perde esta vantagem se os tipos não forem constituídos senão depois de todos os indivíduos existentes terem sido passados em revista e analisados por inteiro. Não pode em nada facilitar a pesquisa, se não passar de um resumo de pesquisas feitas. Não será verdadeiramente útil, a não ser que permita a classificação de outros caracteres além daqueles que lhe servem de base, fornecendo-nos quadros que delimitem os fatos por descobrir. Seu papel é nos dar em mãos pontos de apoio aos quais possamos ligar outras observações, além daquelas que os próprios pontos de apoio nos forneceram. Mas para tal é preciso que a classificação se faça, não de acordo com um inventário completo de todos os caracteres individuais, e sim com um pequeno número destes caracteres, cuidadosamente escolhidos. Nestas condições, não servirá apenas para pôr um pouco de ordem nos conhecimentos já alcançados, servirá para fornecer novos conhecimentos. Esta classificação, orientando-o, evitará ao observador grande número de tarefas. Assim, uma vez estabelecida a classificação, a partir deste princípio, não será necessário ter observado todas as sociedades de uma espécie para saber se um fato é geral nessa espécie ou não;

a observação de algumas sociedades será suficiente. E mesmo, em muitos casos, bastará uma observação só, mas bem feita, assim como, muitas vezes, uma única experiência bem conduzida chega para o estabelecimento de uma lei.

Devemos, pois, escolher para a nossa classificação caracteres que sejam particularmente essenciais. É verdade que não poderemos conhecê-los senão quando a explicação dos fatos tiver progredido suficientemente. Estas duas partes da ciência são solidárias e progridem uma ligada à outra. Todavia, sem ir muito além no estudo dos fatos, não é difícil conjeturar de que lado é preciso buscar as propriedades características dos tipos sociais. Sabemos, efetivamente, que as sociedades são compostas de partes ajuntadas umas às outras. Uma vez que a natureza de todo produto depende necessariamente da natureza, do número e do modo de combinação dos elementos componentes, estes caracteres são evidentemente os que devemos tomar por base; verificaremos, com efeito, no decorrer do trabalho efetuado, que é deles que dependem os fenômenos gerais da vida social. Por outro lado, como são de ordem morfológica, poderíamos chamar *Morfologia social* a parte da sociologia que tem por tarefa constituir e classificar os tipos sociais.

O princípio desta classificação pode ser tornado ainda mais claro. Sabe-se, sem dúvida, que as partes constitutivas de qualquer sociedade são sociedades mais simples do que a sociedade resultante. Um povo é o produto da reunião de dois ou vários povos que o precederam. Assim, conhecendo a sociedade mais simples que tenha existido, não necessitaremos, para estabelecer nossa classificação, senão de ficar sabendo de que maneira esta sociedade se ajusta interiormente, e como se vão ajustando os compostos que dela derivam.

II

SPENCER compreendeu muito bem que a classificação metódica dos tipos sociais não podia ter outro fundamento.

"Já vimos, diz ele, que a evolução social se inicia com pequenos agregados simples; que progride pela união de alguns desses agregados em agregados maiores, e que, depois de consolidados, estes grupos se unem com outros semelhantes a eles para formar agregados ainda maiores. Nossa classificação deve, pois, começar pelas sociedades de ordem primeira, isto é, mais simples" (1).

Infelizmente, para pôr em prática este princípio, seria preciso começar por definir com precisão o que se entende por sociedade simples. Ora, SPENCER não oferece tal definição, e até julga-a mais ou menos impossível (2). É que, com efeito, a simplicidade tal qual ele a compreende, consiste essencialmente numa certa rudeza de organização. Ora, não é fácil dizer com exatidão em que momento a organização social é assaz rudimentar para ser qualificada de simples; o critério, no caso, é a simples opinião. A fórmula que oferece é por isso tão vaga que convém a toda espécie de sociedade. "Nada de melhor temos a fazer, diz ele, do que considerar como sociedade simples aquela que forma um todo não subordinado a outro, e cujas partes cooperam com ou sem centro regulador, tendo em vista certos fins de interesse público" (3). Mas há quantidade de povos que satisfazem a esta condição. O resultado é que, sob esta mesma rubrica, confunde SPENCER um pouco ao acaso todas as sociedades menos civilizadas. Com tal ponto de partida, imagine-se o que pode ser o resto da classificação. Ela reúne, em espantosa confusão, as sociedades mais disparatadas, os gregos homéricos ao lado dos feudos do séc. X e abaixo dos bechuanas, dos zulus e dos fijianos; a confederação ateniense lado a lado com os feudos franceses do séc. XII e abaixo de iroqueses e araucanos.

O termo simplicidade não tem sentido definido senão quando significa completa ausência de partes. Por sociedade simples é preciso pois compreender toda a sociedade que não englobe outras mais simples do que ela; que não apenas está atualmente reduzida a um único segmento, mas ainda que não apresenta nenhum traço de alguma segmentação anterior. A *borda,* tal como a definimos alhures(4), corresponde exatamente a esta definição. Constitui um agregado social que não

(1) *Sociologie,* II, pág. 135.

(2) "Não é sempre que podemos precisar o que constitui uma sociedade simples" (*Ibid,* págs. 135, 136).

(3) *Ibid.,* pág. 136.

(4) *Division du travail social,* pág. 189.

compreende — e nunca compreendeu — em seu seio nenhum agregado mais elementar, mas que se resolve imediatamente em indivíduos. Estes não formam, no interior do grupo total, grupos especiais e diferentes do precedente; estão dispostos à maneira de átomos. Compreende-se que seja então impossível encontrar sociedades mais simples; trata-se do protoplasma do reino social e, por conseguinte, da base natural de toda classificação.

Talvez não exista, na verdade, uma sociedade histórica correspondente exatamente a estes caracteres; mas, como mostramos no livro já citado, conhecemos boa porção que se formaram imediatamente sem nenhuma outra sociedade intermediária, por meio de repetições de hordas. Quando a horda se torna assim um segmento social em lugar de constituir uma sociedade inteira, muda de nome, chama-se clã; mas guarda os mesmos traços constitutivos. O clã é, com efeito, um agregado social que não se reduz a nenhum outro mais restrito. Poder-se-á talvez observar que geralmente ali onde hoje o clã é observável, engloba uma pluralidade de famílias particulares. Mas, em primeiro lugar, por razões que aqui não podemos desenvolver, acreditamos que a formação destes pequenos grupos familiares é posterior ao clã; além disso, não constituem, para falar com exatidão, segmentos sociais, uma vez que não são divisões políticas. Por toda a parte onde é encontrado, constitui o clã a última divisão deste gênero. Por conseguinte, ainda que não possuíssemos outros fatos para postular a existência da horda — e existem, como teremos um dia a ocasião de expor — a existência do clã, isto é, de sociedades formadas por reuniões de hordas, nos autorizaria a supor que houve primeiramente sociedades mais simples que se reduziam à horda propriamente dita, e a fazer desta o tronco de onde saíram todas as espécies sociais.

Uma vez definida esta noção de horda ou de sociedade formada por um único segmento, — concebida seja como realidade histórica, seja como postulado científico — temos o ponto de apoio necessário para construir a escala completa dos tipos sociais. Distinguir-se-ão tantos tipos fundamentais quantas maneiras houver de a horda se combinar consigo mesma, dando nascimento a sociedades novas, e de estas, por sua vez, se combinarem entre si. Encontraremos, de início, agregados formados por simples repetição de hordas ou clãs (para indicá-los pelo seu novo nome), sem que tais clãs estejam associados entre si de maneira a formar grupos intermediários entre de um lado o grupo total que os compreende a todos, e de outro lado cada um dentre eles. Estão simplesmente justapostos, como os indivíduos da horda; as sociedades que poderíamos chamar de *polissegmentárias simples,* como certas tribos iroquesas e australianas, constituem exemplos deste tipo. O *arch,* ou tribo da Cabília, tem o mesmo caráter: é uma reunião de clãs fixados em forma de aldeia. Muito provavelmente existiu um momento na história em que a *curia* romana, a *fratria* ateniense, eram sociedades deste gênero. Acima destas, estariam as sociedades formadas por uma reunião de sociedades da espécie precedente, isto é, *sociedades polissegmentárias simplesmente compostas.* Tal é o caráter da federação iroquesa, assim como da federação formada pelas tribos da Cabília; o mesmo aconteceu, na origem, com cada uma das três tribos primitivas cuja associação deu, mais tarde, nascimento à cidade romana. Serão encontradas em seguida as *sociedades polissegmentárias duplamente compostas* que resultam da justaposição ou fusão de várias sociedades polissegmentárias simplesmente compostas. Tais são a cidade, agregado de tribos, constituindo estas por sua vez agregados de cúrias, que então se fragmentam em *gentes* ou clãs; e a tribo germânica, com seus condados que se subdividem em centenas, os quais, por sua vez, têm por unidade última o clã que se tornou aldeia.

Não é preciso desenvolver mais nem levar avante estas poucas indicações, uma vez que não se trata de efetuar, aqui, uma classificação de sociedades. É problema por demais complexo para poder ser tratado assim de passagem; supõe, pelo contrário, todo um conjunto de longas pesquisas muito especiais. Quisemos apenas, por meio de alguns exemplos, tornar mais claras as idéias e mostrar como deve ser aplicado o princípio do método. E mesmo não se deve considerar o que precede como constituindo uma classificação completa de sociedades inferiores. Para maior precisão, simplificamos um pouco as coisas. Supusemos, com efeito, que cada tipo superior era formado por uma repetição de sociedades do mesmo tipo, isto é, do tipo imediatamente inferior. Ora, não é nada impossível que sociedades de espécies diferentes, situadas em nível desigual na árvore genealógica dos tipos sociais, se reúnam de maneira a formar uma espécie nova. Pelo menos um caso é conhecido: o do Império Romano, compreendendo em seu seio os povos de natureza a mais diversa (1).

Mas, uma vez constituídos os tipos, seria preciso distinguir em cada um deles as variedades diferentes, constatando se as sociedades segmentárias, que servem para formar a sociedade resultante, guardam uma certa individualidade, ou se, ao contrário, se absorvem na massa total. Compreende-se, com efeito, que os fenômenos sociais podem variar, não apenas de acordo com a natureza dos elementos componentes, mas segundo o modo pelo qual se reúnem; devem, sobretudo, se apresentar muito diferentes: cada um dos grupos parciais guarda sua vida local, ou são todos arrastados para uma vida geral comum, isto é, podem se apresentar mais ou menos estreitamente concentrados. Por conseguinte, será preciso procurar se, num momento qualquer, se produz a coalescência completa destes segmentos. A existência da coalescência será reconhecida pelo sintoma seguinte: quando a composição primitiva da sociedade não afetar mais sua organização administrativa e política. Deste ponto de vista, a cidade se distingue nitidamente das tribos germânicas. Entre estas últimas, a organização com base em clãs se manteve, embora apagada, até o termo de sua história, enquanto em Roma, em Atenas, as gentes e as γένη deixaram muito cedo de ser divisões políticas, passando a agrupamentos privados.

No interior dos quadros assim constituídos, poder-se-á procurar introduzir novas distinções segundo os caracteres morfológicos secundários. Todavia, por motivos que daremos mais adiante, não achamos nenhuma utilidade em ultrapassar as divisões gerais que acabam de ser indicadas. Além do mais, não nos compete entrar em detalhes; basta termos colocado o princípio de classificação, que pode ser enunciado da seguinte maneira: *"As sociedades serão a princípio classificadas segundo o grau de composição que apresentem, a partir da base constituída pela sociedade perfeitamente simples, de segmento único;*

---

(1) Todavia é possível que, em geral, a distância entre as sociedades componentes não seja tão grande; de outro modo, não poderia existir entre elas nenhuma comunidade moral.

no interior destas classes, distinguir-se-ão as variedades diferentes, segundo se produza ou não uma coalescência completa dos segmentos iniciais".

III

Estas regras respondem implicitamente a uma questão que o leitor talvez tenha colocado, ao reparar que falamos de espécies sociais como se efetivamente existissem, sem antes lhes ter diretamente estabelecido a existência. Esta prova está contida no próprio princípio do método que acaba de ser exposto.

Vimos, com efeito, que as sociedades não passam de combinações diferentes de uma única e mesma sociedade original. Ora, um mesmo elemento não se pode compor consigo mesmo, e os compostos resultantes não se podem, por sua vez, compor entre si senão segundo certo número limitado de combinações, principalmente quando os elementos componentes são poucos numerosos; e é o caso dos segmentos sociais. A escala de combinações possíveis é, portanto, finita e, em consequencia, a maior parte dentre elas deve pelo menos repetir-se. Do que se conclui então que há espécies sociais. Permanece possível, além do mais, que algumas das combinações não se produzam senão uma vez. Isto não impede que existam espécies. Dir-se-á somente, em casos deste gênero, que a espécie compreende um único indivíduo (1).

Existem, pois, espécies sociais pela mesma razão por que existem espécies em biologia. Estas, com efeito, são devidas ao fato de que os organismos não constituem senão combinações variadas de uma única e mesma unidade anatômica. Todavia, deste ponto de vista há grande diferença entre os dois reinos. Com efeito, entre os animais, um fator especial vem oferecer aos caracteres específicos uma força de resistência que não possuem os do outro reino: a sucessão das gerações. Os caracteres animais, como são comuns a toda a linhagem dos ascendentes, estão enraizados de modo muito mais estreito no organismo. Não se

(1) Não está neste caso o Império Romano, que parece não ter analogia na história?

deixam, pois, facilmente atingir pela ação dos meios individuais, mas se mantêm idênticos a si próprios, apesar da diversidade das circunstâncias exteriores. Uma força interna os fixa a despeito das solicitações variadas que podem provir do exterior: a força dos hábitos hereditários. Eis porque são nitidamente definidos e podem ser determinados com precisão. No reino social, falta esta causa interna. Os caracteres não podem ser reforçados pela hereditariedade porque não duram senão uma geração. De regra, com efeito, as sociedades engendradas são de espécie diferente das sociedades geradoras, pois estas últimas, em sua combinação, dão nascimento a arranjos inteiramente novos. Somente a colonização poderia ser comparada a uma geração por germinação; e ainda, para que a comparação fosse exata, seria preciso que o grupo dos colonos não se misturasse com nenhuma sociedade de outra espécie ou de outra variedade. Os atributos distintivos da espécie não recebem, pois, da hereditariedade um aumento de força que lhes permita resistir às variações individuais. Mas modificam-se e apresentam gradações infinitas sob a ação de diferentes circunstâncias; desse modo, quando se deseja alcançá-las, uma vez afastadas todas as variantes que as ocultam, não se obtém senão um resíduo assaz indeterminado. Esta indeterminação cresce, naturalmente, quanto maior for a complexidade dos caracteres; pois quanto mais uma coisa é complexa, mais as partes que a compõem podem formar combinações diferentes. Do que resulta que se formos além dos contornos mais gerais e mais simples, o tipo específico social não apresenta contornos tão definidos quanto os do tipo específico em biologia (1).

---

(1) Ao redigir este capítulo para a primeira edição desta obra, nada dissemos sobre o método que consiste em classificar as sociedades segundo seu estado de civilização. No momento não existiam, com efeito, classificações desse gênero propostas por sociólogos autorizados, salvo talvez aquela, evidentemente muito arcaica, de COMTE. Depois disso, vários ensaios foram feitos nesse sentido, notadamente por VIERKANDT ("Die Kulturtypen des Menschheit", in *Archiv f. Anthrop.*, 1898), SUTHERLAND (*The Origin and Growth of the Moral Instinct*) e por STEINMETZ ("Classification des types sociaux" in *Année Sociologique*, III, págs. 43-147). Contudo, não nos deteremos em discuti-los, pois não correspondem ao problema colocado neste capítulo. Encontramos classificadas em tais trabalhos, não espécies sociais, mas, o que é bem

diferente, fases históricas. Desde suas origens, passou a França por formas de civilização muito diferentes; começou por ser agrícola, passou em seguida pelo artesanato e pelo pequeno comércio, depois pela manufatura e, finalmente, chegou à grande indústria. Ora, é impossível admitir que uma mesma individualidade coletiva possa mudar de espécie três ou quatro vezes. Uma espécie deve definir-se por caracteres mais constantes. O estado econômico tecnológico, etc., apresenta fenômenos por demais instáveis e complexos para fornecer a base para uma classificação. É mesmo muito possível que uma mesma civilização industrial, científica, artística possa ser encontrada em sociedades cuja constituição congênita seja muito diferente. O Japão poderia pedir-nos emprestadas nossas artes, nossa indústria e mesmo nossa organização política; não deixaria de pertencer a uma espécie social diferente da da França e Alemanha. Acrescentemos que estas tentativas, embora conduzidas por sociólogos de valor, não deram senão resultados vagos, contestáveis e pouco úteis.

CAPÍTULO V

Regras Relativas à Explicação dos Fatos Sociais

MAS a constituição das espécies é, antes de mais nada, um meio de agrupar os fatos para lhes facilitar a interpretação; a morfologia social constitui um encaminhamento em direção à parte verdadeiramente explicativa da ciência. Qual o método próprio desta última?

I

A maior parte dos sociólogos acredita que, mostrando para que servem os fenômenos sociais, que função desempenham, conseguiram explicá-los. Raciocinam como se os fenômenos não existissem senão em relação ao papel que exercem e não tivessem outra causa determinante senão o sentimento claro ou confuso dos serviços que são chamados a prestar. Eis porque se acredita ter esgotado tudo o que é necessário para torná-los inteligíveis, quando se estabelece a realidade de tais serviços e se mostra a que necessidades sociais trazem satisfação. É assim que COMTE reduz toda a força progressiva da espécie humana a esta tendência fundamental "que leva o homem diretamente a melhorar, sob todos os aspectos e sem cessar, a condição que é a sua, qualquer que esta seja" (1), e SPENCER reduz tudo à necessidade de uma felicidade maior. É em virtude deste prin-

(1) *Cours de philosophie positive,* IV, 262.

cípio que ele explica a formação da sociedade pelas vantagens que resultam da cooperação, a instituição do governo pela utilidade que existe em regularizar a cooperação militar (1), as transformações da família pela necessidade de conciliar de maneira cada vez mais perfeita os interesses dos pais, dos filhos e da sociedade.

Este método, todavia, confunde duas questões muito diferentes. Mostrar a utilidade de um fato não é explicar como se originou, nem porque ele é tal qual se apresenta. Pois as utilizações em que é empregado supõem as propriedades que o caracterizam, mas não o criam. A necessidade que temos das coisas não pode fazer com que elas sejam deste ou daquele jeito e, por conseguinte, não é a necessidade que as pode tirar do nada e conferir-lhes o ser. É a causa de outro gênero que devem sua existência. O sentimento que temos da utilidade que apresentam nos pode incitar a colocar estas causas em operação, tirando delas os efeitos que implicam, mas não a suscitar esses efeitos a partir do nada. Esta proposição é claramente evidente enquanto se trata de fenômenos materiais ou mesmo psicológicos. Ela não seria também contestada em sociologia se os fatos sociais, devido à sua extrema imaterialidade, erradamente não nos parecessem destituídos de toda realidade intrínseca. Como não se vê neles senão combinações puramente mentais, parece que se devem produzir por si mesmos desde que a idéia deles surja, uma vez, porém, que sejam dados como úteis. Mas, como cada um deles é uma força que domina a nossa, possuindo uma natureza que lhe é própria, não seria suficiente ter apenas o desejo ou vontade de produzi-lo, para suscitá-lo. Para isto, é preciso que forças capazes de criar esta força determinada, que naturezas capazes de produzir esta natureza especial, sejam dadas. É somente sob tal condição que ela se torna possível. Com o intuito de reanimar o espírito de família onde quer que esteja enfraquecido, não basta que todos compreendam suas vantagens; é preciso que se façam agir diretamente causas que, só elas, são suscetíveis de engendrá-lo. Para restituir a um governo a autoridade que lhe compete, não é suficiente que se sinta a necessidade dela; é preciso

(1) *Sociologie,* III, pág. 336.

que nos voltemos para as únicas fontes de que deriva toda autoridade, isto é, para a constituição de tradições, de um espírito comum, etc., etc.; para tanto, é preciso ainda ir mais além na cadeia das causas e dos efeitos, até que se encontre um ponto em que a ação do homem possa eficazmente inserir-se.

O que mostra muito bem a dualidade destas duas ordens de pesquisas é que um fato pode existir sem servir para nada, seja porque nunca se ajustou a nenhum fim vital, seja porque, depois de ter sido útil, perdeu toda utilidade e continuou a existir pela força exclusiva do hábito. Com efeito, existem ainda mais sobrevivências na sociedade do que no organismo. Há mesmo casos em que uma prática ou uma instituição social mudam de funções sem, para tanto, mudarem de natureza. A regra *is pater est quem justae nuptiae declarant* persistiu materialmente a mesma em nosso código, tal qual viera do velho direito romano. Mas, enquanto tinha ali por objeto a salvaguarda dos direitos de propriedade do pai sobre os filhos provenientes da mulher legítima, é antes muito mais os direitos dos filhos que hoje em dia protege. O juramento começou por ser uma espécie de prova judiciária, para se tornar simplesmente uma forma solene e imponente do testemunho. Os dogmas religiosos do cristianismo não se modificaram há séculos; mas o papel que desempenham em nossas sociedades modernas não é mais o mesmo que na Idade Média. É assim, ainda, que as palavras servem para exprimir idéias novas sem que sua contextura se modifique. De resto, a proposição de que o órgão é independente da função, isto é, permanecendo o mesmo pode servir a fins diferentes, é verdadeira tanto em sociologia quanto em biologia. De onde se conclui que as causas que lhe dão o ser são independentes dos fins para que serve.

Todavia, não queremos dizer que as tendências, as necessidades, os desejos dos homens não intervenham nunca, de maneira ativa, na evolução da sociedade. Pelo contrário, é certo que lhes é possível, de acordo com a maneira pela qual pesam sobre as condições de que depende um fato, apressar ou conter o desenvolvimento deste. Somente, além de não poderem, em caso nenhum, criar algo a partir do nada, sua própria intervenção não pode ter lugar senão devido a causas eficientes, sejam quais forem os efeitos. É certo que uma tendência não pode concorrer, nem mesmo nesta medida restrita, para produzir um fenômeno novo a não ser que ela mesma seja nova, quer se tenha constituído a si mesma por inteiro, quer seja devida a alguma transformação de tendência anterior. Pois, a menos que postulemos uma harmonia preestabelecida verdadeiramente providencial, não se há de admitir que o homem, desde sua origem, traga em si, em estado virtual mas prontas para despertar ao apelo das circunstâncias, todas as tendências cuja oportunidade se foi fazendo sentir no decorrer da evolução. Ora, a própria tendência constitui, em si mesma, uma coisa; não pode, pois, nem surgir nem se modificar apenas porque a julgamos útil. É uma força que tem sua natureza própria. Para que tal natureza seja suscitada ou alterada, não basta que encontremos nisso alguma vantagem. Na determinação das mudanças, é preciso que entrem em ação causas que fisicamente as impliquem.

Por exemplo, explicamos os progressos constantes da divisão do trabalho social mostrando sua necessidade para que o homem se possa manter nas novas condições de existência em que se vai vendo colocado à medida que avança na história; atribuímos, pois, a esta tendência impropriamente chamada de instinto de conservação um papel importante em nossa explicação. Mas, em primeiro lugar, ela não poderia sozinha explicar a mais rudimentar das especializações. Pois nada conseguirá se as condições de que depende tal fenômeno não estiverem já realizadas, isto é, se as diferenças individuais não estiverem já suficientemente aumentadas devido à indeterminação progressiva da consciência comum e das influências hereditárias (1). Foi preciso até que a divisão do trabalho já tivesse começado a existir para que sua utilidade fosse percebida, e que a necessidade se fizesse então sentir; e tão-somente o desenvolvimento das divergências individuais, implicando uma diversidade maior de gostos e de aptidões, devia necessariamente produzir este primeiro resultado. E mais ainda, não foi por si mesmo e sem causa que o instinto de conservação veio fecundar este primeiro gérmen de especialização. Se se orientou e nos orientou para a nova senda, foi porque, para começar, o

---

(1) *Division du travail*, l. II, cap. III e IV.

caminho que anteriormente seguia e nos fazia seguir se viu como que barrado; a intensidade maior da luta, devida à condensação maior das sociedades, tornou cada vez mais difícil a sobrevivência de indivíduos que continuassem a se consagrar a tarefas gerais. Foi, por isso, obrigado a mudar de direção. Por outro lado, se se voltou para si mesmo e voltou de preferência nossa atividade no sentido de uma divisão do trabalho cada vez mais desenvolvida, foi porque tal era também o sentido de menor resistência. As outras soluções possíveis eram a emigração, o suicídio, o crime. Ora, na média dos casos, os laços que nos prendem à vida e ao país, a simpatia que sentimos pelos semelhantes, são sentimentos mais fortes e mais resistentes do que os hábitos que nos podem desviar de uma especialização mais intensa. Eram, pois, estes últimos que deviam inevitavelmente ceder a cada empurrão que se desse. Deste ponto de vista, nem mesmo parcialmente se retorna a qualquer finalismo, pois não se recusa conceder um lugar às necessidades humanas nas explicações sociológicas. É que estas não podem ter influência sobre a evolução social senão sob a condição de também evoluírem, e as modificações pelas quais passam não podem ser explicadas senão por causas que nada têm de finais.

Mas o que convence ainda mais do que as considerações precedentes é o próprio funcionamento dos fenômenos sociais. Onde quer que reine o finalismo, reina também uma contingência mais ou menos ampla; pois não existem fins, e menos ainda meios, que se imponham necessariamente e de maneira indistinta a todos os homens, ainda quando os supomos colocados nas mesmas circunstâncias. Num mesmo meio dado, cada indivíduo, de acordo com sua disposição peculiar, se adapta à sua maneira, que acha preferível a todas as outras. Enquanto este procurará modificar o meio para colocá-lo em harmonia com suas necessidades, aquele preferirá transformar-se a si próprio e moderar seus desejos; para chegar a um mesmo objetivo, quantas vias diferentes podem ser — e são efetivamente — seguidas! Se, de fato, o desenvolvimento histórico se processasse tendo em vista fins claramente ou obscuramente sentidos, deveriam os fatos sociais apresentar a mais infinita diversidade e quase toda a comparação, qualquer que fosse, seria impossível. Ora, o contrário é que é verdade. Sem dúvida, os acontecimentos exteriores cuja trama constitui a parte superficial da vida social, variam de um povo para outro. Desse mesmo modo, cada indivíduo tem a sua história, embora as bases da organização física e moral sejam as mesmas para todos. Realmente, quando se entra em contacto, ainda que breve, com os fenômenos sociais, é surpreendente a espantosa regularidade com que estes se reproduzem nas mesmas circunstâncias. Mesmo as práticas mais minuciosas e mais pueris na aparência, repetem-se com a mais incrível uniformidade. Tal cerimônia nupcial, que, como o rapto da noiva, parece puramente simbólica, é encontrada de maneira idêntica por toda a parte em que exista determinado tipo de família, ligado a determinada organização política. Os costumes mais bizarros, — *a couvade,* o levirato, a exogamia, etc., — são observados entre os povos mais diversos e são sintomas de certo estado social. O direito de fazer testamento aparece em determinada fase da história e, segundo as restrições mais ou menos importantes que o limitam, pode-se dizer em que momento da evolução social nos encontramos. Seria fácil multiplicar os exemplos. Ora, esta generalidade das formas coletivas não teria explicação se as causas finais tivessem em sociologia a preponderância que lhes é atribuída.

Quando, pois, procuramos explicar um fenômeno social, é preciso buscar separadamente a causa eficiente que o produz e a função que desempenha. Servimo-nos do termo função, de preferência ao de fim ou de objetivo, justamente porque os fenômenos sociais não existem, em geral, tendo em vista os resultados úteis que possam produzir. O que é preciso determinar é se há correspondência entre o fato considerado e as necessidades gerais do organismo social, e em que consiste esta correspondência, sem se preocupar em saber se ela é intencional ou não. Todas estas questões de intenção são, além do mais, muito subjetivas para poderem ser tratadas cientificamente.

Não só se devem separar estas duas ordens de problemas, mas convém, em geral, tratar a primeira antes da segunda. Esta ordem corresponde, efetivamente, à realidade dos fatos. É natural procurar a causa de um fenômeno antes de procurar determinar-lhe os efeitos. O método é tanto mais lógico quanto a primeira questão, uma vez resolvida, auxiliará muitas vezes a resolver a segunda. Efetivamente, o laço de solidariedade que liga a causa ao efeito tem um caráter de reciprocidade que não foi suficientemente reconhecido. É verdade que o efeito não pode existir sem sua causa, mas esta, por sua vez, tem necessidade do efeito. É dela que o efeito tira sua energia, mas também lha restitui quando necessário e, por conseguinte, não pode desaparecer sem que ela se ressinta (1). Por exemplo, a reação social constituída pelo castigo é devida à intensidade dos sentimentos coletivos que o crime ofende; mas por outro lado, ela tem por função útil manter tais sentimentos no mesmo grau de intensidade, pois estes não tardariam em se excitar se as ofensas que sofrem não fossem castigadas (2). Do mesmo modo, à medida que o meio social se torna mais complexo e mais móvel, as tradições, as crenças já formadas ficam abaladas, tomam um aspecto mais indeterminado e mais maleável, e as faculdades de reflexão se desenvolvem; mas estas mesmas faculdades são indispensáveis às sociedades e aos indivíduos para se adaptarem a um meio mais móvel e mais complexo([3]). À medida que os homens são obrigados a fornecer um trabalho mais intenso, os produtos deste trabalho se tornam mais numerosos e de melhor qualidade; mas estes produtos mais abundantes e melhores são necessários para reparar o desgaste que um trabalho mais considerável acarreta([4]). Então, em lugar de a causa dos fenômenos sociais consistir numa antecipação mental da função que são chamados a desempenhar, esta função consiste, ao contrário (pelo menos em bom número de casos), em manter a causa preexistente de que derivam; se a segunda for já conhecida, encontraremos mais facilmente a primeira.

Mas embora se deva proceder somente em segundo lugar à determinação da função, esta determinação não deixa de ser necessária para que a explicação do fenômeno seja com-

---

(1) Não queremos levantar aqui questões de filosofia geral que não estariam no lugar que lhes compete. Notemos, todavia, que esta reciprocidade entre causa e efeito, melhor estudada, poderia fornecer um meio de reconciliar o mecanismo científico com o finalismo que implica a existência e, sobretudo, a persistência da vida.

(2) *Division du travail social,* 1, II, cap. II, principalmente pág. 105 e segs.

(3) *Ibid.,* págs. 52-53.

(4) *Ibid.,* 1, II, pág. 301 e segs.

pleta. Com efeito, se a utilidade do fato não lhe dá o ser, para poder manter-se, é preciso geralmente que seja útil. Pois, pela simples razão de que, em tal caso, custa, sem nada trazer em troca, basta que não sirva para nada para que seja nocivo. Se, pois, a generalidade dos fenômenos sociais tivesse tal caráter parasitário, a balança do organismo estaria em *deficit*, a vida social seria impossível. Portanto, para dar desta uma compreensão satisfatória, é necessário mostrar como os fenômenos que lhe formam a substância concorrem entre si de maneira a promover a harmonia da sociedade consigo mesma e com o exterior. Não há dúvida de que a fórmula vulgar que define a vida como uma correspondência entre o meio interno e o meio externo não tem senão validade aproximada; todavia, é verdadeira de modo geral e, por conseguinte, para explicar um fato de ordem vital, não se trata de mostrar a causa de que depende; é preciso ainda, pelo menos na maioria dos casos, encontrar a parte que lhe é atribuída no estabelecimento da harmonia geral.

II

Uma vez distinguidas estas duas questões, é preciso determinar o método segundo o qual devem ser resolvidas.

O método de aplicação geralmente seguido pelos sociólogos é essencialmente psicológico, além de finalista. Estas duas tendências são solidárias uma da outra. Com efeito, se a sociedade não constitui senão um sistema de meios instituídos pelos homens tendo em vista certos fins, tais fins não podem ser senão individuais; pois, antes da sociedade, não podiam existir senão indivíduos. É, portanto, do indivíduo que emanam idéias e necessidades que determinaram a formação das sociedades e, se é dele que tudo provém, é necessariamente por ele que tudo deve ser explicado. Além do mais, não há na sociedade senão consciências particulares; é, portanto, nestas últimas que se encontra a origem de toda evolução social. Por conseguinte, as leis sociológicas não poderão ser senão um corolário das leis mais gerais da psicologia; a explicação suprema da vida coletiva consistirá em mostrar como esta decorre da natureza humana em geral, seja por dedução direta e sem observação prévia, seja ligando-a à natureza humana depois de feitas as observações.

Tais são mais ou menos os termos textuais de que se serve Augusto COMTE para caracterizar seu método. "Uma vez que, diz ele, o fenômeno social, concebido em sua totalidade, não constitui, no fundo, *senão um simples desenvolvimento da humanidade, sem nenhuma criação de quaisquer faculdades,* como acabo de estabelecer atrás, todas as disposições efetivas que a observação sociológica poderá sucessivamente desvendar deverão então encontrar-se, pelo menos em germe, nesse tipo primordial que a biologia construiu de antemão para a sociologia" (1). É que, para ele, o fato dominante da vida social é o progresso e que, por outro lado, o progresso depende de um fator exclusivamente psíquico, isto é, da tendência que impele o homem no sentido de desenvolver cada vez mais sua natureza. Os fatos sociais derivariam de maneira tão imediata da natureza humana que, durante as primeiras fases da história, poderiam ser diretamente deduzidos dela, sem necessariamente recorrer-se à observação(2). É verdade que, segundo reconhece COMTE, a aplicação deste método dedutivo aos períodos mais avançados da evolução é impossível. Esta impossibilidade, no entanto, é puramente prática. Ela se liga ao fato de que a distância entre o ponto de partida e o ponto de chegada se torna demasiado considerável para que o espírito humano, procurando percorrê-la sem guia, não corra o risco de se perder(3). Mas a relação entre as leis fundamentais da natureza humana e os resultados últimos do progresso não deixa de ser analítica. As formas mais complexas da civilização não constituem senão vida psíquica desenvolvida. Por isso, embora não possam servir as teorias da psicologia como premissas para o raciocínio sociológico, constituem todavia a pedra de toque a permitir sozinha provar a validez das proposições indutivamente estabelecidas. "Nenhuma lei de sucessão social, mesmo que indicada pelo método histórico com a maior autoridade possível, diz COMTE, poderá ser finalmente admitida senão de-

(1) *Cours de Philos. Pos.*, IV, pág. 333.
(2) *Ibid.*, pág. 345.
(3) *Ibid.*, pág. 346.

pois de ter sido racionalmente ligada à teoria positiva da natureza humana, não importa se de maneira direta ou indireta, contanto que sempre incontestável"(1). É, pois, sempre a psicologia que tem a última palavra.

Tal é igualmente o método seguido por SPENCER. Segundo este, com efeito, os dois fatores primários dos fenômenos sociais são o meio cósmico e a constituição física e moral do indivíduo(2). Ora, o primeiro não pode ter influência sobre a sociedade a não ser através do segundo, que assim é designado como o motor essencial da evolução social. Se a sociedade se transforma, é para permitir ao indivíduo realizar sua natureza, e todas as transformações pelas quais passou não têm outro objetivo senão tornar mais fácil e mais completa esta realização. É em virtude de tal princípio que, antes de proceder a qualquer pesquisa sobre a organização social, SPENCER acreditou dever consagrar quase todo o primeiro tomo de seus *Principes de Sociologie* ao estudo do homem primitivo físico, emocional e intelectual. "A ciência da sociologia, diz ele, parte de unidades sociais submetidas às condições que já vimos, constituídas fisicamente, emocionalmente e intelectualmente, possuidoras de certas idéias adquiridas muito cedo, assim como dos sentimentos que a estas correspondem"(3). E é em dois destes sentimentos, o medo dos vivos e o medo dos mortos, que encontra a origem do governo político e do governo religioso(4). Admite, é verdade, que uma vez formada, a sociedade reage sobre os indivíduos(5). Mas disso não resulta que tenha o poder de engendrar diretamente o menor fato social; não tem eficácia causal desse ponto de vista senão por intermédio das mudanças que determina no indivíduo. É, pois, sempre da natureza humana, seja primitiva, seja derivada, que tudo decorre. Além disso, esta ação que o corpo social exerce sôbre os membros nada pode ter de específica, uma vez que os fins políticos em si mesmos nada são, constituindo apenas simples expressão re-

---

(1) *Cours de Philos. Pos.*, pág. 335.
(2) *Principes de Sociologie,* I, 14, 14.
(3) *Op. cit.*, I, 383.
(4) *Ibid.*, pág. 582.
(5) *Ibid.*, pág. 18.

sumida dos fins individuais[1]. Ela não pode ser senão uma espécie de volta da atividade privada sobre si mesma. E, sobretudo, não se vê em que pode consistir tal ação nas sociedades industriais, que têm precisamente por objeto restituir o indivíduo a si mesmo e a seus impulsos naturais, desembaraçando-o de toda coerção social.

Tal princípio não está apenas na base destas grandes doutrinas de sociologia geral; inspira igualmente grande número de teorias particulares. É assim que se explica correntemente a organização doméstica pelo sentimento que os pais têm pelos filhos, e estes por eles; a instituição do casamento pelas vantagens que apresenta para os esposos e sua descendência; o castigo, pela cólera que determina no indivíduo toda lesão grave de seus interesses. Toda a vida econômica, tal qual a concebem e a explicam os economistas, da escola ortodoxa sobretudo, está em última análise presa a este fator puramente individual, o desejo de riqueza. Trata-se da moral? Os deveres do indivíduo para consigo mesmo são encarados como a base da ética. Trata-se de religião? Vê-se nela um produto das impressões que as grandes forças da natureza ou determinadas personalidades eminentes despertem no homem, etc., etc.

Mas tal método não é aplicável aos fenômenos sociológicos senão sob a condição de desnaturá-los. Para se ter a prova, basta que nos reportemos à definição já dada. Uma vez que sua característica essencial consiste em poder exercer, do exterior, uma pressão sobre as consciências individuais, disto se conclui que não decorrem de tais consciências e que, por conseguinte, a sociologia não é um corolário da psicologia. Pois este poder coercitivo mostra que exprimem uma natureza diferente da nossa, uma vez que só penetram em nós pela força ou, pelo menos, pesando sobre nós com maior ou menor vigor. Se a vida social não fosse senão um prolongamento do ser individual, não a veríamos assim remontar à sua origem e invadi-la impetuosamente. Por dominá-lo a esse ponto é que a au-

---

(1) "A sociedade existe para o benefício de seus membros, os membros não existem para o benefício da sociedade...; os direitos do corpo político não são nada em si mesmos, não se tornam algo senão sob condição de encarnar os direitos dos indivíduos que o compõem". (*Op. cit.*, II, 20.)

toridade diante da qual se inclina o indivíduo ao agir, sentir ou pensar socialmente, constitui um produto de forças que o ultrapassam e que ele, por conseguinte, não poderia explicar. Não é dele que pode provir a pressão exterior que sofre; não é, pois, o que se passa nele que a pode explicar. É verdade que somos capazes de nos constranger a nós mesmos; podemos conter nossas tendências, nossos hábitos, e até nossos instintos, fazendo-os parar em seu desenvolvimento por meio de um ato de inibição. Mas os movimentos de inibição não poderiam ser confundidos com os que constituem a coerção social. O *processus* dos primeiros é centrífugo; o dos segundos, centrípeto. Uns se elaboram na consciência individual e tendem, em seguida, a se exteriorizar; os outros são primeiramente exteriores ao indivíduo, que tentam em seguida modelar à sua imagem, sempre a partir do exterior. A inibição é antes, se quisermos, o meio pelo qual a coerção social produz efeitos psíquicos; ela não é esta coerção.

Ora, uma vez afastado o indivíduo, não resta senão a sociedade; é, pois, na natureza da própria sociedade que urge buscar a explicação da vida social. Concebe-se, com efeito, que, ultrapassando ela infinitamente o indivíduo tanto no tempo quanto no espaço, esteja em estado de lhe impor maneiras de agir e de pensar que foram consagradas pela sua autoridade. Esta pressão, que constitui o sinal distintivo dos fatos sociais, é aquela que todos exercem sobre cada qual.

Mas, dir-se-á, uma vez que os únicos elementos de que é formada a sociedade são indivíduos, a origem primeira dos fenômenos sociológicos não pode ser senão psicológica. Raciocinando assim, podemos também de maneira muito fácil estabelecer que os fenômenos biológicos se explicam analiticamente pelos fenômenos inorgânicos. Com efeito, é certo que não existem na célula viva senão moléculas de matéria bruta. Estão, contudo, associadas, e é esta associação a causa dos fenômenos novos, que caracterizam a vida, vida da qual é impossível encontrar, nem que seja só o germe, em qualquer dos elementos associados. Isto porque o todo não é idêntico à soma de suas partes, constitui algo de diferente e cujas propriedades divergem daquelas que apresentam as partes de que é composto. A associação não é, como se acreditou algumas vezes, um fenômeno infecundo por si mesmo, que consiste simplesmente em colocar em relações exteriores fatos estabelecidos e propriedades constituídas. Não constitui ela, pelo contrário, a fonte de todas as novidades que se produziram sucessivamente no decorrer da evolução geral das coisas? Que diferença existe entre os organismos inferiores e os outros, entre o vivo organizado e as simples massas protoplasmáticas, entre estas e as moléculas inorgânicas que a compõem, senão diferenças de associação? Todos estes seres, em última análise, se resolvem em elementos da mesma natureza; mas tais elementos estão, aqui, justapostos e lá, associados; aqui, associados de determinado modo; ali, de modo diverso. Pode-se mesmo perguntar se esta lei não penetra até o mundo mineral e se as diferenças que separam os corpos inorganizados não têm a mesma origem.

Em virtude deste princípio, a sociedade não é simples soma de indivíduos, e sim sistema formado pela sua associação, que representa uma realidade específica com seus caracteres próprios. Sem dúvida, nada se pode produzir de coletivo se consciências particulares não existirem; mas esta condição necessária não é suficiente. É preciso ainda que as consciências estejam associadas, combinadas, e combinadas de determinada maneira; é desta combinação que resulta a vida social, e, por conseguinte, é esta combinação que a explica. Agregando-se, penetrando-se, fundindo-se, as almas individuais dão nascimento a um ser, psíquico se quisermos, mas que constitui individualidade psíquica de novo gênero(1). É, pois, na natureza desta individualidade, e não nas das unidades componentes,

(1) Eis em que sentido e por que razões se pode e se deve falar de uma consciência coletiva distinta das consciências individuais. Para justificar tal distinção, não é necessário hipostasiar a primeira; a consciência coletiva é algo de especial e deve ser designada por um termo especial, simplesmente porque os estados que a constituem diferem especificamente daqueles que constituem as consciências particulares. Esta especificidade provém do fato de não serem os dois tipos de consciência formados pelos mesmos elementos. Um, com efeito, resulta da natureza do ser orgânico-psíquico tomado isoladamente; o outro, da combinação de uma pluralidade de seres daquele gênero. Os resultados não podem, pois, deixar de diferir, uma vez que os componentes diferem a tal ponto. Nossa definição do fato social, além disso, não faz mais do que estabelecer de outra maneira esta linha de demarcação.

que é preciso ir buscar as causas próximas e determinantes dos fatos que nela se produzem. O grupo pensa, sente, age diferentemente da maneira de pensar, sentir e agir de seus membros, quando isolados. Partindo, pois, destes últimos, não poderíamos compreender nada do que se passa no grupo. Numa palavra, existe entre a psicologia e a sociologia a mesma solução de continuidade que entre a biologia e as ciências físico-químicas. Por conseguinte, todas as vezes que um fenômeno social está explicado diretamente por um fenômeno psíquico, pode-se estar certo de que a explicação é falsa.

Talvez seja possível objetar que se a sociedade, uma vez formada, se torna a causa próxima dos fenômenos sociais, as causas que determinam sua formação primeira são de natureza psicológica. Admitir-se-ia então que quando os indivíduos estão associados, sua associação pode fazer nascer uma vida diferente, mas pretende-se por outro lado que esta não existe senão por razões individuais. — Mas, na realidade, remontando-se tão longe quanto possível na história, o fato da associação é o mais obrigatório de todos; pois constitui a fonte de todas as outras obrigações. Devido ao meu nascimento, estou obrigatoriamente ligado a determinado povo. Pode-se alegar que, uma vez adulto, passo a aquiescer a esta situação pelo simples fato de continuar a viver em meu país. Mas que importa? A aquiescência não tira ao fato seu caráter imperativo. Uma pressão aceita e sofrida de boa vontade não deixa de ser pressão. Além disso, qual pode ser a importância de tal adesão? Em primeiro lugar, é forçada, pois, na imensa maioria dos casos, desfazermo-nos de nossa nacionalidade é algo de material e moralmente impossível; tal mudança é considerada mesmo, em geral, como uma apostasia. Em seguida, não é o passado objeto desta aquiescência, pois a respeito dele não se pode falar em consentimento, — e é êle que determina o presente; não desejei a educação que recebi e no entanto é ela, mais do que qualquer outra causa, que me fixa ao solo natal. Finalmente, esta mesma aquiescência não poderia ter valor moral para o futuro, na medida em que este é desconhecido. De forma alguma conheço todos os deveres de que me posso ver incumbido de um dia para outro, em virtude de minha qualidade de cidadão; como poderia, então, aquiescer de antemão? Ora, como demonstramos, tudo que é obrigatório tem sua fonte fora do indivíduo. Assim, enquanto não saímos da história, o fato da associação apresenta o mesmo caráter dos outros fatos e, portanto, se explica da mesma maneira. Por outro lado, como todas as sociedades nasceram de outras sociedades sem solução de continuidade, é lícito assegurar que, em todo o decorrer da evolução social, não houve nenhum momento em que os indivíduos tivessem verdadeiramente de deliberar para saber se entrariam ou não na vida coletiva, e antes neste tipo de vida coletiva do que noutro. Para que a questão pudesse colocar-se seria preciso, pois, subir até às origens primeiras de toda sociedade. Contudo, as soluções sempre duvidosas que é possível trazer a tais problemas, não poderiam em nenhum caso afetar o método segundo o qual devem ser tratados os fatos oferecidos pela história. Não nos cabe, pois discuti-las.

Mas, no que toca ao nosso pensamento, seria laborar em erro se, a partir do que se explicou atrás, se concluísse que, de acordo com nossa opinião, a sociologia deve ou mesmo pode fazer abstração do homem e de suas faculdades. Está claro, ao contrário, que os caracteres gerais da natureza humana entram no trabalho de elaboração de que resulta a vida social. Somente, não a suscitam nem lhe dão sua forma especial; não fazem mais do que torná-la possível. As representações, as emoções, as tendências coletivas não têm por causas geradoras determinados estados da consciência dos indivíduos, mas sim as condições em que se encontra o corpo social em seu conjunto. Sem dúvida, não podem alcançar realização senão quando as naturezas individuais não se mostrarem refratárias; mas não constituem senão a matéria indeterminada que o fator social determina e transforma. Sua contribuição consiste exclusivamente em estados muito gerais, em predisposições vagas e, por conseguinte, plásticas, as quais não poderiam por si mesmas tomar as formas definidas e complexas que caracterizam os fenômenos sociais, se outros agentes não interviessem.

Que abismo deparamos, por exemplo, entre os sentimentos que experimenta o homem diante de forças superiores à sua, e a instituição religiosa com suas crenças, suas práticas tão múltiplas e tão complicadas, sua organização material e moral; entre as condições psíquicas da simpatia que dois seres do mesmo sangue experimentam um pelo outro (1) e este conjunto denso de regras jurídicas e morais que determinam a estrutura da família, as relações das pessoas entre si, das coisas com as pessoas, etc.! Vimos que, ainda mesmo quando a sociedade se reduz a uma multidão inorganizada, os sentimentos coletivos que nela se formam podem, não apenas diferir, mas serem opostos à média dos sentimentos individuais. Quão mais considerável não deve ser o afastamento quando a pressão que sofre o indivíduo é a de uma sociedade regular em que, à ação dos contemporâneos, se une a das gerações anteriores e a da tradição! Uma explicação puramente psicológica dos fatos sociais deixaria, pois, escapar tudo o que eles têm de específico, isto é, de social.

O que mascarou aos olhos de tantos sociólogos a insuficiência deste método é que, tomando o efeito como causa, aconteceu-lhes muitas vezes conferir aos fenômenos sociais, como condições determinantes suas, certos estados psíquicos relativamente definidos e especiais que, na realidade, constituem a conseqüência dos mesmos fenômenos. É assim que se considerou como inato no homem certo sentimento de religiosidade, um certo mínimo de ciúme sexual, de piedade filial, de amor paterno, etc., e por aí se quis explicar a religião, o casamento, a família. Mas a história mostra que tais inclinações, longe de serem inerentes à natureza humana, ou totalmente deixam de existir em certas circunstâncias sociais, ou apresentam tais variações de uma sociedade para outra que, eliminadas todas estas diferenças, o resíduo obtido — o único que se pode considerar como de origem psicológica — se reduz a algo de vago e de esquemático, deixando em infinita distância os fatos que se trata de explicar. Tais sentimentos resultam, pois, da organização coletiva, em vez de constituírem a base dela. E até não está de modo algum provado que a tendência à sociabilidade tenha sido, desde sua origem, um instinto congenital do gênero humano. É muito mais natural enxergar nele um produto da vida social que lentamente em nós se organizou; pois é dado de observação comum que os ani-

(1) Se realmente ela existir antes de existir qualquer vida social. Ver a este respeito ESPINAS, *Sociétés animales*, pág. 474.

mais são sociáveis ou não, segundo as disposições de seus *habitats* os obrigam à vida comum, ou desta os desviam. — E ainda é preciso ajuntar que o afastamento permanece considerável entre as inclinações instintivas e a realidade social.

Existe, contudo, um meio de isolar de maneira mais ou menos completa o fator psicológico, tornando possível precisar a extensão de sua ação: procurando-se saber de que maneira a raça afeta a evolução social. Com efeito, os caracteres étnicos são de ordem orgânico-psíquica. Se os fenômenos psicológicos possuírem sobre a sociedade a eficácia causal que lhes é atribuída, a vida social deverá variar tanto quanto variem tais caracteres. Ora, não conhecemos nenhum fenômeno social que esteja colocado sob a dependência incontestável da raça. Não poderíamos, sem dúvida, atribuir a esta proposição o valor de uma lei; mas, pelo menos, podemos afirmá-la como um fato constante a partir de nossa experiência. As mais diversas formas de organização são encontradas em sociedades da mesma raça, enquanto que semelhanças marcantes se observam entre sociedades de raça diferente. A cidade existiu entre os fenícios, entre os romanos e os gregos; encontramo-la em formação na Cabília. A família patriarcal estava quase tão desenvolvida entre os judeus quanto entre os hindus, mas não é encontrada entre os eslavos, que todavia são de raça ariana. Ao contrário, o tipo familial aí encontrado existe também entre os árabes. A família maternal e o clã são encontrados por toda a parte. Detalhes de provas judiciárias, de cerimônias nupciais, são os mesmos em povos os mais dessemelhantes do ponto de vista étnico. Se tal se dá, é porque a contribuição psíquica é por demais geral para predeterminar o curso dos fenômenos sociais. Uma vez que esta contribuição não implica uma forma social determinada, afastando outras, não pode explicar nenhuma. Existe, é verdade, certo número de fatos que é costume atribuir à influência da raça. É assim que se explica, por exemplo, porque o desenvolvimento de letras e artes foi tão rápido e intenso em Atenas, tão lento e medíocre em Roma. Mas esta interpretação dos fatos, apesar de clássica, nunca foi metodicamente demonstrada; parece realmente tirar unicamente da tradição toda sua autoridade. Não se procurou nem mesmo ver se uma explicação sociológica dos mesmos fenômenos não seria possível, e estamos convencidos de que poderia ser tentada com sucesso. Em suma, quando ligamos com tal facilidade o caráter artístico da civilização ateniense com faculdades estéticas congênitas, procedemos como se fazia na Idade Média quando se explicava o fogo pela flogística e os efeitos do ópio por sua virtude dormitiva.

Finalmente, se a origem da evolução social fosse a constituição psicológica do homem, não se poderia mais compreender como se teria produzido; seria preciso admitir então que tem como motor alguma mola interior à natureza humana. Que mola, porém, poderia ser esta? Seria aquela espécie de instinto de que fala COMTE e que leva o homem a realizar sua natureza de maneira cada vez mais completa? Mas então responde-se à pergunta por outra pergunta e explica-se o progresso pela tendência inata ao progresso, verdadeira entidade metafísica cuja existência, de resto, nada vem demonstrar; pois ainda as mais elevadas das espécies animais não estão de modo algum impelidas pela necessidade de progredir e, mesmo entre as sociedades humanas, algumas existem que se comprazem em permanecer indefinidamente estacionárias. A necessidade de uma felicidade maior, que as formas cada vez mais complexas da civilização estariam destinadas a realizar de maneira cada vez mais completa, seria talvez a mola interior, como parece acreditar SPENCER? Tornar-se-ia então necessário estabelecer que a felicidade cresce realmente com a civilização, e já explicamos noutra parte todas as dificuldades levantadas por esta hipótese (1). E há mais: ainda que devêssemos admitir um destes dois postulados, nem por isso o desenvolvimento histórico se tornaria inteligível; pois a explicação resultante seria puramente finalista e já demonstramos atrás que os fatos sociais, com todos os fenômenos naturais, não são explicados pela simples circunstâncias de servirem para alguma coisa. Ainda que se prove suficientemente que as organizações sociais cada vez mais elaboradas que se sucederam no decorrer da história tiveram por efeito satisfazer cada vez mais esta ou aquela de nossas tendências fundamentais, não se alcançará ainda compreender como elas foram produzidas. O fato de serem úteis

---

(1) *Division du travail social,* 1, II, cap. 1.

não nos esclarece sobre o que lhes deu o ser. Ainda que chegássemos a explicar como foram concebidas, ainda que lhes traçássemos como que um plano prévio, de maneira a perceber os serviços que delas poderíamos esperar, — problema só por si bastante difícil de solucionar, — somente o desejo de vê-las existirem não teria a virtude de tirá-las do nada. Numa palavra, admitindo-se que tais organizações constituem os meios necessários para atingir o objetivo visado, a questão permanece por inteiro de pé: Como foram elas constituídas, isto é, de que e por intermédio de quê?

Chegamos, pois, à regra seguinte: *A causa determinante de um fato social deve ser buscada entre os fatos sociais anteriores, e não entre os estados de consciência individual.* Por outro lado, percebe-se facilmente que tudo quanto se disse anteriormente se aplica tanto à determinação da função, quanto à determinação da causa. A função de um fato social não pode ser senão social, isto é, tal função consiste na produção de efeitos sociais úteis. Pode acontecer, e realmente acontece sem dúvida, que em contragolpe o fato social também tenha utilidade para o indivíduo. Mas este resultado satisfatório não constitui sua razão de ser imediata. Podemos, pois, completar a proposição precedente dizendo: *A função de um fato social deve ser sempre buscada na relação que mantém com algum fim social.*

Foi por terem os sociólogos várias vezes ignorado esta regra e considerado os fatos sociais de um ponto de vista por demais psicológico que muitos estudiosos consideraram suas teorias demasiado vagas e flutuantes, demasiado afastadas da natureza especial das coisas que acreditam explicar. O historiador, sobretudo, que vive na intimidade da realidade social, não pode deixar de sentir fortemente o quanto tais interpretações demasiado gerais são impotentes para alcançar os fatos; e, sem dúvida, foi o que em parte produziu a desconfiança que a história várias vezes testemunhou em relação à sociologia. O que não quer dizer, na verdade, que o estudo dos fatos psíquicos não seja indispensável ao sociólogo. Se a vida coletiva não deriva da vida individual, uma e outra estão em relações estreitas; mesmo que a segunda não explique a primeira, pode, pelo menos, facilitar-lhe a explicação. Como já mostramos, é de início incontestável que os fatos sociais são produzidos por uma elaboração *sui generis* dos fatos psíquicos. Mas, além disso, esta própria elaboração não deixa de ter analogias com a que se produz em cada consciência individual e que transforma progressivamente os elementos primários (sensações, reflexos, instintos), de que se constituiu originariamente. Não foi sem razão que se pôde dizer do "eu" que constituía, em si próprio, uma sociedade (ao mesmo título que o organismo, embora de maneira diversa), e há muito que os psicólogos mostraram todas a importância do fator *associação* para a explicação da vida do espírito. A cultura psicológica, mais ainda do que a cultura biológica, constitui pois para o sociólogo propedêutica necessária; mas não lhe será útil senão sob a condição de libertar-se dela, depois de a ter recebido, e de a ultrapassar, completando-a por uma cultura especialmente sociológica. É preciso que o sociólogo renuncie a, de certo modo, transformar a psicologia em centro de suas operações, em ponto de que deve partir e ao qual devem trazê-lo as incursões que se propuser fazer no mundo social, estabelecendo-se, para tal, no próprio coração dos fatos sociais, a fim de observá-los de frente e sem intermediários; não deve pedir à ciência do indivíduo mais do que um preparo geral e, se necessário, sugestões úteis (1).

---

(1) Os fenômenos psíquicos não podem ter conseqüências sociais senão quando estão tão intimamente ligados a fenômenos sociais que a ação de uns e de outros fique necessariamente confundida. É o caso de certos fenômenos sócio psíquicos. Assim, um funcionário é uma força social, mas é ao mesmo tempo um indivíduo. Disto resulta que pode servir-se da energia social que detém, no sentido determinado pela sua natureza individual e, por aí, pode ter influência sôbre a constituição da sociedade. É o que acontece com os homens de Estado e, de modo mais geral, com os gênios. Estes, mesmo quando não desempenham uma função social, tiram dos sentimentos coletivos de que são objeto uma autoridade que constitui também uma força social e que, em certa medida, pode ser colocada ao serviço de idéias pessoais. Mas vê-se que tais casos são devidos a acidentes individuais e, por conseguinte, não poderiam afetar os traços constitutivos da espécie social que, só ela, é objeto de ciência. A restrição ao princípio enunciado acima não é, pois, de grande importância para o sociólogo.

III

Uma vez que os fatos da morfologia social são da mesma natureza que os fenômenos fisiológicos, devem ser explicados segundo a mesma regra que acabamos de enunciar. Todavia, resulta, de tudo quanto se disse precedentemente, que desempenham na vida coletiva e, por conseguinte, nas explicações sociológicas, papel preponderante.

Com efeito, se a condição determinante dos fenômenos sociais consiste, como demonstramos, no fato mesmo da associação, tais fenômenos devem variar de acôrdo com as formas de associação, isto é, segundo as maneiras pelas quais se agrupam as partes constituintes da sociedade. Por sua vez, o conjunto determinado que, ao se reunir, formam os elementos de tôda natureza que entram na composição de uma sociedade, constitui o meio interno desta mesma sociedade — podendo-se comparar com os elementos anatômicos, cujo conjunto e maneira pela qual se dispõem no espaço constituem o meio interno dos organismos — permitindo afirmar: *A origem primeira de todo processo social de alguma importância deve ser buscada na constituição do meio social interno.*

É possível explicá-lo com maior precisão ainda. Com efeito, os elementos que compõem o meio social são de duas espécies: coisas e pessoas. Entre as coisas, é preciso compreender, além dos objetos materiais incorporados à sociedade, os produtos de atividade social anterior, o direito constituído, os usos estabelecidos, os monumentos literários, artísticos, etc. Mas é claro que o impulso que determina as transformações sociais não pode vir nem de uns, nem de outros, pois nem uns, nem outros encerram qualquer poder motor. Devemos certamente levá-los em consideração nas explicações que tentarmos. Exercem, com efeito, certo pêso sôbre a evolução social, cuja rapidez e a própria direção variam segundo o que constituem tais objetos; mas não possuem nada daquilo que é necessário para pô-la em movimento. São a matéria à qual se aplicam as fôrças vivas da sociedade, mas não desprendem por si mesmos nenhuma fôrça viva. Resta, pois, como fator ativo, o meio pròpriamente humano.

O esforço principal do sociólogo deverá, pois, visar à descoberta das diferentes propriedades deste meio suscetíveis de exercer uma ação sobre o curso dos fenômenos sociais. Até o presente, encontramos duas séries de caracteres que respondem de maneira importante a tal condição: é o número de unidades sociais ou, como já dissemos, o volume da sociedade, e o grau de concentração da massa, ou o que denominamos intensidade dinâmica. Por este último termo entenda-se, não o estreitamento puramente material do agregado que não pode ter efeito se os indivíduos, ou antes, os grupos de indivíduos, permanecem separados por vácuos morais, mas o estreitamento moral, de que o estreitamento precedente não constitui senão um auxiliar, sendo também, geralmente, conseqüência dele. Em igualdade de volume, a densidade dinâmica pode definir-se em função do número de indivíduos que estão realmente em relações, não apenas comerciais, mas morais; isto é, que não apenas trocam serviços ou fazem concorrência uns aos outros, mas vivem uma vida comum. Pois, como as relações puramente econômicas deixam os homens exteriores uns aos outros, podemos desenvolver relações desse tipo muito constantes, sem por isso participar da mesma existência coletiva. Os negócios que se estabelecem ultrapassando as fronteiras que separam os povos, não as fazem desaparecer. Ora, a vida comum não pode ser afetada senão pelo número daqueles que nela colaboram eficazmente. Eis porque o que exprime melhor a densidade dinâmica de um povo é o grau de coalescência dos segmentos sociais. Pois se cada agregado parcial formar um todo, uma individualidade distinta, separada dos outros por uma barreira, é porque a ação de seus membros permanece, em geral, localizada dentro do segmento; se, pelo contrário, as sociedades parciais estão todas confundidas no seio da sociedade total, ou tendem a se confundir, é porque, na mesma medida, o círculo da vida social se tornou mais extenso.

Quanto à densidade material — entendendo-se, porém, por ela não apenas o número de habitantes por unidade de superfície, mas o desenvolvimento das vias de comunicação e de transmissão, — ela caminha *habitualmente* no mesmo ritmo que a densidade dinâmica e, *em geral*, pode servir para medi-la. Pois quando as diferentes partes da população tendem a se aproximar, é inevitável que sejam construídas vias que permitam tal aproximação e, por outro lado, as relações não se podem estabelecer entre pontos distantes da massa social senão quando esta distância não opõe obstáculos, isto é, quando de fato queda suprimida. Contudo, há exceções (1), e nos exporíamos a sérios erros se julgássemos sempre a concentração moral de uma sociedade segundo grau de concentração que apresenta. As estradas de rodagem, de ferro, etc., podem servir mais ao movimento de negócios que à fusão das populações, e nesse caso não exprimem senão imperfeitamente tal fusão. É o caso da Inglaterra, cuja densidade material é superior à da França e onde, todavia, a coalescência dos segmentos está muito menos avançada, como o provam a persistência do espírito local e da vida regional.

Já noutra parte mostramos como todo acréscimo no volume e na densidade dinâmica das sociedades, tornando a vida social mais intensa, estendendo o horizonte que cada indivíduo abarca pelo seu pensamento e enche com sua ação, modifica profundamente as condições fundamentais da existência coletiva. Não temos mais que aplicar de novo, como então fizemos, este princípio. Ajuntemos apenas que serviu para que tratássemos, não apenas da questão ainda muito geral que era objeto daquele estudo, mas também de muitos outros problemas mais especiais, e cuja exatidão pudemos assim verificar através de um número já respeitável de experiências. Todavia, não quer isto dizer que acreditamos já ter encontrado todas as particularidades do meio social suscetíveis de desempenhar um papel na explicação dos fatos sociais. Tudo o que podemos afirmar é que são estas as únicas que já percebemos, assim como também que não fomos levados a procurar outras.

Mas esta espécie de preponderância que atribuímos ao meio social e, mais particularmente, ao meio humano, não implica que seja necessário encará-lo como um fenômeno último e absoluto, ultrapassado o qual não haja mais razão para se

---

(1) Fizemos mal, em nossa *Division du travail social,* de encarecer demais a densidade material como expressão exata da densidade dinâmica. Todavia, a substituição da primeira pela segunda é inteiramente legítima para tudo o que concerne aos efeitos econômicos desta, como, por exemplo, para a divisão do trabalho como fato puramente econômico.

prosseguir. É evidente, ao contrário, que o estado em que tal fenômeno se encontra em cada momento da história depende também de causas sociais, das quais umas são inerentes à própria sociedade, enquanto outras se ligam às ações e reações que se estabelecem entre tal sociedade e suas vizinhas. Além disso, a ciência não se preocupa com causas primeiras, no sentido absoluto do termo. Para ela, um fenômeno é primário simplesmente quando é assaz geral para explicar grande número de outros fenômenos. Ora, o meio social é certamente um fator desse gênero; pois as transformações que se produzem em tal meio, sejam quais forem as causas, se repercutem em todas as direções do organismo social e não podem deixar de afetar mais ou menos todas as suas funções.

O que acabamos de dizer do meio geral da sociedade, pode ser repetido para os meios especiais pertencentes a cada um dos grupos particulares que ela encerra. Por exemplo, conforme a família seja mais ou menos volumosa, mais ou menos fechada sobre si mesma, a vida doméstica será diferente. Da mesma forma, se as corporações profissionais se reconstituíssem ramificando-se cada uma delas em toda a extensão do território, em lugar de, como anteriormente, ficarem fechadas nos limites de uma cidade, a ação que exerceriam seria muito diferente da que exerciam outrora. De um modo mais geral, a vida profissional será inteiramente diferente conforme o meio próprio a cada profissão for fortemente constituído, ou tenha uma trama frouxa, como acontece hoje em dia. Todavia, a ação destes meios particulares não poderia ter a importância do meio geral; pois estão submetidos à influência deste último. É sempre a este que é necessário voltar. É a pressão que ele exerce sobre os grupos parciais que faz variar sua constituição.

Esta concepção do meio social como fator determinante da evolução coletiva é da maior importância. Pois, se a rejeitamos, a sociologia se verá na impossibilidade de estabelecer qualquer relação de causalidade.

Com efeito, afastada esta ordem de coisas, não há condições concomitantes de que possam depender os fenômenos sociais; pois se o meio social externo, isto é, aquele que se formou pelas sociedades ambientes, é suscetível de desenvolver alguma ação, não é senão sobre as funções que têm por objeto o ataque ou a defesa e, ainda mais, não podem fazer sentir sua influência senão por intermédio do meio social interno. As principais causas do desenvolvimento histórico não estariam, pois, entre as *circumfusa;* estariam todas no passado. Elas mesmas fariam parte desse desenvolvimento de que constituiriam simplesmente as fases mais antigas. Os acontecimentos atuais da vida social derivariam, não do estado atual da sociedade, mas de acontecimentos anteriores, de precedentes históricos, e as explicações sociológicas consistiriam exclusivamente em ligar o presente ao passado.

É verdade que isto pode parecer insuficiente. Não se diz correntemente que a história tem por objeto, precisamente, encadear os acontecimentos segundo sua ordem de sucessão? Mas é impossível conceber de que modo o estado em que a civilização se encontra num momento dado poderia ser a causa determinante do estado seguinte. As etapas que a humanidade percorre sucessivamente não se engendram umas às outras. Compreende-se bem que os progressos realizados em determinada época na ordem jurídica, econômica, política, etc., tornam possíveis novos progressos, mas em que aqueles predeterminam a estes? São um ponto de partida que permite ir mais adiante; mas o que é que nos incita justamente a ir mais adiante? Seria preciso admitir então uma tendência interna que impele a humanidade a ultrapassar constantemente os resultados adquiridos, seja para se realizar de maneira mais completa, seja para aumentar sua felicidade, e o objeto da sociologia seria encontrar a ordem segundo a qual tal tendência se desenvolve. Em todo o caso, sem voltar às dificuldades implicadas em tal hipótese, a lei que exprime o desenvolvimento não poderia nada ter de causal. Com efeito, uma relação de causalidade não se pode estabelecer senão entre dois fatos dados; ora, esta tendência, que é admitida como a causa do desenvolvimento, não é um fato dado; é postulada e construída pelo espírito de acordo com os efeitos que lhes são atribuídos. É uma espécie de faculdade motora que imaginamos existir sob o movimento, para explicá-lo; mas a causa eficiente de um movimento não pode ser senão outro movimento, e não uma virtualidade deste gênero. Tudo o que atingimos, pois, experimentalmente nesta questão, é uma seqüência de mudanças entre as quais não existe laço causal. O estado antecedente não produz o conseqüente, mas a relação entre eles é exclusivamente cronológica. Assim, nestas condições, tôda previsão científica é impossível. Poderemos muito bem dizer como as coisas se sucederam até o presente, mas não em que ordem se sucederão daqui por diante, porque a causa de que elas deveriam depender não está cientìficamente determinada, nem é determinável. É verdade que habitualmente se admite que a evolução prosseguirá no mesmo sentido em que se deu no passado, porém isto em virtude de um simples postulado. Nada nos assegura que os fatos realizados exprimam a natureza desta tendência de maneira completa, de tal modo que se possa prejulgar o têrmo ao qual aspira conhecendo-se aquêles pelos quais sucessivamente passou. E mesmo, por que seria retilínea a direção seguida e impressa?

De fato, esta é a razão pela qual o número das relações causais estabelecidas pelos sociólogos é tão restrito. Com algumas exceções, das quais Montesquieu é o exemplo mais ilustre, a antiga filosofia da história se prendeu ùnicamente à descoberta do sentido geral em que se orienta a humanidade, sem procurar ligar as fases desta evolução com nenhuma condição concomitante. Por maiores que sejam os serviços que COMTE prestou à filosofia social, os têrmos em que coloca o problema sociológico não diferem dos anteriores. Por isso, sua famosa lei dos três estados nada encerra que seja relação de causalidade; ainda que exata, não é e não pode ser senão empírica. Trata-se de sumário golpe de vista sôbre a história já decorrida do gênero humano. É de maneira inteiramente arbitrária que COMTE considera o terceiro estado como o estado definitivo da humanidade. Quem pode afirmar que não surgirá outro no futuro? A lei que domina a sociologia de SPENCER também não parece ter natureza diversa. Ainda que a tendência para procurarmos nossa felicidade numa civilização industrial realmente existisse, nada nos assegura que, mais tarde, não passássemos a procurá-la numa civilização de outro tipo. Ora, o que dá a êste método sua generalidade e sua persistência, é ter sido o meio social encarado mais freqüentemente como um intermediário através do qual se realiza o progresso, e não como a causa que o determina.

Por outro lado, é igualmente em relação a êste mesmo meio que se deve medir o valor útil ou, como diríamos, a função dos fenômenos sociais. Entre as mudanças de que é causa, são úteis aquelas que estão em relação com o estado em que o meio social se encontra, uma vez que é este meio a condição essencial da existência coletiva. Deste ponto de vista ainda, a concepção que acabamos de expor é, acreditamos, fundamental; pois só ela permite explicar como o caráter útil dos fenômenos sociais pode variar sem, todavia, depender de arranjos arbitrários. Representando a evolução histórica como movida por uma espécie de *vis a tergo* que impele os homens para a frente, uma vez que uma tendência motriz não pode ter senão um único alvo, não restará também senão um ponto de apoio com relação ao qual calcular a utilidade ou a nocividade dos fenômenos sociais. Resulta que não existe, e não pode existir, senão um tipo de organização social que convenha perfeitamente à humanidade, e que as diferentes sociedades históricas não são senão aproximações sucessivas deste modelo único. Não é necessário mostrar que semelhante simplismo é hoje irreconciliável com a reconhecida complexidade e variedade das formas sociais. Se, pelo contrário, a conveniência ou a falta de conveniência das instituições não se pode estabelecer senão em relação a um meio dado, como tais meios são diversos, existe então uma diversidade de pontos de reparo e, por conseguinte, de tipos que, embora qualitativamente distintos uns dos outros, estão igualmente fundados na natureza dos meios sociais.

A questão que acabamos de tratar está, pois, estreitamente ligada à que tem por objeto a constituição dos tipos sociais. Se existem espécies sociais, é porque a vida coletiva depende antes de tudo de condições concomitantes que apresentam determinada diversidade. Se, pelo contrário, as principais causas dos acontecimentos sociais estão todas no passado, cada povo não seria mais do que o prolongamento daquele que o precedeu, e as diferentes sociedades perderiam sua individualidade para não se tornarem senão momentos diversos de um mesmo e único desenvolvimento. Uma vez que, por outro lado, a constituição do meio social resulta do modo de composição dos agregados sociais, e que essas duas expressões, elas mesmas, são, no fundo, sinônimas, temos aqui a prova de que não existem caracteres mais essenciais do que aqueles que atribuímos como base à classificação sociológica.

Finalmente, deve-se compreender melhor agora do que anteriormente o quanto seria injusto tomar como ponto de apoio os termos "condições exteriores" e "meio" para incriminar nosso método e procurar as fontes da vida fora do que é vivo. Pelo contrário, as considerações que se acabam de ler volvem de novo a esta idéia de que as causas dos fenômenos sociais são internas à sociedade. À teoria que faz derivar a sociedade do indivíduo é que se poderia justamente acusar, pois procura extrair o interior do exterior, uma vez que explica o ser social por coisa diferente dele próprio, extraindo o mais do menos e procurando deduzir o todo do conhecimento que se tem da parte. Os outros princípios, ao contrário, desdenham tão pouco o caráter espontâneo de tudo o que é vivo que, aplicados à biologia ou à psicologia, levam a admitir que a vida individual também se elabora, toda inteira, no interior do indivíduo.

IV

Do grupo de regras que acabam de ser estabelecidas se desprende uma certa concepção da sociedade e da vida coletiva.

Com relação a este ponto, duas teorias dividem os estudiosos.

Para uns, — HOBBES, ROUSSEAU, — há solução de continuidade entre o indivíduo e a sociedade. O homem é, pois, refratário à vida comum, não se resigna a esta senão forçado. Os fins sociais não são simplesmente o ponto de encontro dos fins individuais; são-lhes antes contrários. Desse modo, para conseguir que o indivíduo siga os fins coletivos, é necessário exercer sobre ele uma coerção, e a atividade social consiste justamente na instituição e na organização desta coerção. Sòmente, porque o indivíduo é encarado como a única realidade do reino humano, esta organização que tem por objeto constrangê-lo e contê-lo não pode ser concebida senão como artificial. Não está fundada na natureza, uma vez que se destina a violentar esta natureza, impedindo-a de produzir suas conseqüências anti-sociais. Trata-se então de obra de arte, de máquina construída inteiramente pela mão dos homens e que, como todos os produtos deste gênero, não é o que é senão porque os homens a quiseram assim; um decreto da vontade a criou, outro decreto a pode transformar. Nem HOBBES, nem ROUSSEAU parecem ter percebido tudo o que há de contraditório quando admitem que o indivíduo seja ele próprio o autor de uma máquina que tem por papel essencial dominá-lo e constrangê-lo; ou pareceu-lhes, pelo menos, que, para fazer desaparecer tal contradição, era suficiente dissimulá-la aos olhos das vítimas pelo artifício hábil do pacto social.

Foi de idéia contrária que se inspiraram tanto os teóricos do direito natural quanto os economistas e, mais recentemente, SPENCER (1). Para eles, a vida social é essencialmente espontânea e a sociedade é algo de natural. Mas, se lhes conferem tal caráter, não é porque lhes reconheçam uma natureza específica; é porque lhes encontram base na natureza do indivíduo. Como se dá também com os pensadores cujas idéias foram precedentemente examinadas, não vêem aí um sistema de coisas que exista por si próprio, em virtude de causas que lhe sejam específicas. Mas, enquanto aqueles não concebiam tal vida social senão como um arranjo convencional, que laço nenhum liga à realidade e que repousa por assim dizer no ar, estes lhe dão por base os instintos fundamentais do coração humano. O homem está naturalmente inclinado à vida política, doméstica, religiosa, às trocas, etc., e é destas tendências naturais que deriva a organização social. Por conseguinte, em toda a parte em que tal organização for normal, não precisará impor-se. Quando recorre à coerção, é porque não é o que deve ser ou porque as circunstâncias são anormais. Em princípio, não há nada a fazer senão deixar as forças individuais se desenvolverem em liberdade para que se organizem socialmente.

Nem uma nem outra destas doutrinas é a nossa.

Fazemos, sem dúvida, da coerção a característica de todo fato social. Somente, esta coerção não resulta de um maquinismo mais ou menos elaborado, destinado a mascarar aos homens as armadilhas em que eles próprios se deixaram prender. É devida simplesmente ao fato de que o indivíduo se encontra em presença de uma força que o domina e diante da qual ele

---

(1) A posição de COMTE a tal respeito é de um ecletismo assaz ambíguo.

se inclina; mas esta força é natural. Ela não deriva de um arranjo convencional que a vontade humana acrescentou inteiramente pronta à realidade; brota das próprias entranhas da realidade; é o produto necessário de causas dadas. Desse modo, para fazer com que o indivíduo se submeta a ela de bom grado, não é necessário recorrer a nenhum artifício; basta fazê-lo tomar consciência de seu estado de dependência e de inferioridade naturais — seja através da religião, por meio da qual formula uma representação sensível e simbólica, seja por meio da ciência, por meio da qual formula uma noção adequada e definida. Como a superioridade que a sociedade tem sobre o indivíduo não é simplesmente física, mas também intelectual e moral, nada tem ela a temer do livre exame de problemas, uma vez que deste se faça uma utilização adequada. A reflexão, possibilitando ao homem compreender quanto o ser social é mais rico, mais complexo e mais duradouro do que o ser individual não lhe pode revelar senão razões inteligíveis da subordinação que dele se exige, assim como dos sentimentos de dedicação e de respeito que o hábito fixou em seu coração (1).

Assim, somente uma crítica singularmente superficial poderia considerar provado que nossa concepção da coerção social reedita as teorias de HOBBES e de MAQUIAVEL. Mas se, contrariamente a estes filósofos, dizemos que a vida social é natural, não é porque encontramos sua fonte na natureza do indivíduo; é porque deriva diretamente do ser coletivo que, por si mesmo, é uma natureza *sui generis;* é porque resulta desta elaboração especial à qual estão submetidas as consciências particulares devido à sua associação, e da qual se desprende uma nova forma de existência (2). Portanto, se com uns

---

(1) Eis porque nem toda coerção é normal. Só merece este qualificativo aquela que corresponde a alguma superioridade social, isto é, intelectual ou moral. Mas a coerção que um indivíduo exerce sobre o outro por ser mais forte ou mais rico, sobretudo se tal riqueza não exprime o valor social do mesmo indivíduo, é anormal e não pode manter-se senão pela violência.

(2) Nossa teoria é até mais contrária à de HOBBES do que a doutrina do direito natural. Com efeito, para os partidários desta última, a vida coletiva não é natural senão na medida em que pode ser deduzida da natureza individual. Ora, somente as formas mais gerais da organização social podem, em última análise, derivar desta origem.

reconhecemos que a vida social se apresenta sob o aspecto da coerção, admitimos com os outros que ela é um produto espontâneo da realidade; e o que liga logicamente estes dois elementos, contraditórios na aparência, é que a realidade de que emana ultrapassa o indivíduo. O que equivale a dizer que os termos de coerção e espontaneidade não têm, em nossa terminologia, o sentido que HOBBES dá ao primeiro e que SPENCER dá ao segundo.

Em resumo, à maioria das tentativas feitas para explicar racionalmente os fatos sociais pode-se objetar, ou que desfazem toda idéia de disciplina social, ou que não conseguem mantê-las senão com o auxílio de falsos subterfúgios. As regras que acabamos de expor permitiriam, ao contrário, construir uma sociologia que veria no espírito de disciplina a condição essencial de toda vida em comum, fundando-a ao mesmo tempo na razão e na verdade.

Quanto ao detalhe, está por demais afastado da extrema generalidade das propriedades psíquicas para poder ser ligado a estas; parece, pois, aos olhos dos discípulos desta escola, tão artificial quanto aos olhos dos adversários. Para nós, pelo contrário, tudo é natural, mesmo os arranjos mais especiais; pois tudo tem por fundamento a natureza da sociedade.

CAPÍTULO VI

Regras Relativas à Administração da Prova

I

Não temos senão um meio de demonstrar que um fenômeno é causa de outro, e é comparar os casos em que estão simultaneamente presentes ou ausentes, procurando ver se as variações que apresentam nestas diferentes combinações de circunstâncias testemunham que um depende do outro. Quando podem ser produzidos artificialmente à vontade do observador, o método de verificação é a experimentação propriamente dita. Quando, pelo contrário, a produção dos fatos não está ao nosso alcance e não os obtemos senão tais quais se produziram espontaneamente, o método a empregar é o da experimentação indireta, ou método comparativo.

Já vimos que a explicação sociológica consiste exclusivamente em estabelecer relações de causalidade, quer se trate de ligar um fenômeno à sua causa, ou, pelo contrário, uma causa a seus efeitos úteis. Uma vez que, por outro lado, os fenômenos sociais escapam evidentemente à ação do operador, o método comparativo é o único que convém à sociologia. É verdade que Comte não o achou suficiente; acreditou necessário completá-lo pelo que chama de método histórico; mas a razão desta maneira de pensar está na concepção especial que formulou a respeito das leis sociológicas. Segundo Comte, estas devem exprimir principalmente, não relações definidas de causalidade, e sim o sentido para que se orienta a evolução humana em geral; elas não podem, pois, ser descobertas com o auxílio de comparações, pois para poder comparar as formas diferentes que toma um fenômeno social entre povos diversos é preciso tê-lo destacado das séries temporais às quais pertence. Ora, se começarmos por fragmentar desta maneira o desenvolvimento humano, colocamo-nos na impossibilidade de encontrar depois sua seqüência. Para consegui-lo, convém proceder não por análises e sim por grandes sínteses. O que é preciso é aproximar uns dos outros e reunir de certo modo numa mesma intuição os estados sucessivos da humanidade, de maneira a perceber "o crescimento contínuo de cada disposição física, intelectual, moral e política" (1). Tal a razão de ser deste método que COMTE chama de histórico e que, por conseguinte, está desprovido de qualquer objeto desde que se rejeite a concepção fundamental da sociologia desse autor.

É verdade que Stuart MILL declara que a experimentação, mesmo indireta, é inaplicável em sociologia. Mas como também a considera inaplicável aos fenômenos biológicos e até mesmo aos fenômenos físico-químicos mais complexos(2), sua argumentação só por isso já perde grande parte da autoridade que poderia ter; ora, hoje já não é mais necessário demonstrar que a química e a biologia não podem ser senão ciências experimentais. Não existe, pois, razão para que suas críticas estejam melhor fundamentadas no que concerne à sociologia; pois os fenômenos sociais não se distinguem dos precedentes senão por uma complexidade maior. Esta diferença pode muito bem significar que o emprego do raciocínio experimental em sociologia oferece mais dificuldades ainda do que nas outras ciências; mas não se vê porque seria radicalmente impossível.

De resto, toda esta teoria de Stuart MILL repousa num postulado que se liga, sem dúvida, aos princípios fundamentais de sua lógica, mas que está em contradição com todos os resultados da ciência. Admite, com efeito, que talvez um mesmo conseqüente não resulte sempre de um mesmo antecedente, podendo ser devido ora a uma causa, ora a outra. Esta concepção do laço causal, tirando-lhe toda determinação, torna-o mais ou menos inacessível à análise científica, pois introduz tal

---

(1) *Cours de Philosophie Positive,* IV, 328.
(2) *Système de Logique,* II, 478.

complicação no emaranhado das causas e dos efeitos que o espírito se perde nele sem remissão. Para conhecer o que determina um efeito num conjunto de circunstâncias dadas, desde que possa derivar de causas diferentes, seria necessário que a experiência fosse feita em condições de isolamento praticamente irrealizáveis, principalmente em sociologia.

Mas este pretenso axioma da pluralidade das causas é uma negação do princípio de causalidade. Sem dúvida, acreditando-se com Stuart MILL que causa e efeito são absolutamente heterogêneos, que não existe entre eles nenhuma relação lógica, não há nada de contraditório em admitir que um efeito possa seguir tanto uma causa quanto outra. Se a relação que une C e A é puramente cronológica, não se pode deixar de admitir que outra relação do mesmo gênero poderia, por exemplo, unir C a B. Mas se, ao contrário, o laço causal tem algo de inteligível, não poderia estar indeterminado a esse ponto. Consistindo numa relação que resulta da natureza das coisas, um mesmo efeito não pode sustentar tal relação senão com uma única causa, pois não pode exprimir senão uma única natureza. Ora, somente os filósofos têm posto em dúvida a inteligibilidade da relação causal. Para o cientista, ela não constitui problema; constitui implicação do método científico. Como explicar de outra maneira tanto o papel tão importante da dedução no raciocínio experimental quanto o princípio fundamental da proporcionalidade entre causa e efeito? Com relação aos casos que são citados como apresentando uma pluralidade de causas, seria necessário, para que fossem demonstrativos, estabelecer previamente ou que tal pluralidade não é simplesmente aparente, ou que a unidade exterior do efeito não recobre nenhuma realidade plural. Quantas vezes não tem acontecido, em ciência, reduzir-se à unidade causas cuja diversidade, à primeira vista, parecia irredutível! O próprio Stuart MILL fornece um exemplo, lembrando que, de acordo com as teorias modernas, a produção do calor pela fricção, pela percussão, pela ação química, etc., deriva de uma só e mesma causa. Inversamente, quando se trata de efeito, o cientista distingue muitas vezes o que o vulgo confunde. Para o senso comum, o termo febre designa uma única e mesma entidade mórbida; para a ciência, há uma quantidade de febres especificamente diferentes e a pluralidade das causas se encontra em relação com a dos efeitos; e se todavia há algo de comum entre todas estas espécies nosológicas, é porque as causas, igualmente, se confundem entre si por alguns de seus caracteres.

Importa tanto mais afastar totalmente da sociologia este princípio, quanto vários sociólogos estão ainda por ele influenciados, e isto mesmo quando não formulam nenhuma objeção contra o método comparativo. Assim, diz-se correntemente que o crime pode ser produzido da mesma maneira por causas as mais diferentes; acontecendo o mesmo com o castigo, o suicídio, etc. Praticado desta forma o raciocínio experimental, embora reunamos número considerável de fatos nunca obteremos leis precisas, relações determinadas de causalidade. Não poderemos senão atribuir um efeito mal definido a um grupo confuso e indefinido de antecedentes. Se, pois, desejarmos empregar o método comparativo de maneira científica, isto é, conformando-nos com o princípio de causalidade tal qual se desprende da própria ciência, deveremos tomar por base das comparações que instituirmos a seguinte proposição: *A um mesmo efeito corresponde sempre uma mesma causa.* Assim, retomando os exemplos citados atrás, se o suicídio depende de mais de uma causa, é porque, em realidade, existem várias espécies de suicídios. O mesmo acontece com o crime. Quanto ao castigo, nele se deu o contrário, isto é, acreditou-se que se explicava de maneira igualmente aceitável por causas diferentes; mas isto se deu porque não se percebeu o elemento comum que se encontrava em todos os antecedentes e em virtude do qual produzem um efeito comum (1).

II

Todavia, embora os diversos processos do método comparativo não sejam inaplicáveis à sociologia, não têm todos, com relação a ela, força igualmente demonstrativa.

Mesmo que se admita que constitui uma forma experimental de raciocínio, o método chamado dos resíduos não é de nenhuma utilidade no estudo dos fenômenos sociais. Além

(1) *Division du travail social,* pág. 87.

de não ter serventia senão para ciências já bastante avançadas, uma vez que supõe conhecido um número importante de leis, os fenômenos sociais são por demais complexos para que, num caso dado, se possa destacar exatamente o efeito de todas as causas menos uma.

A mesma razão torna dificilmente utilizáveis tanto o método da concordância quanto o da diferença. Ambos supõem, com efeito, que os casos comparados ou concordam num só ponto ou diferem num só ponto. Sem dúvida, não existe ciência que tenha podido instituir experiências em que o caráter rigorosamente único de uma concordância ou de uma divergência se estabeleça de maneira irrefutável. Nunca se pode ter certeza de não ter deixado escapar algum outro antecedente que concorde ou que difira do efeito, ao mesmo tempo e da mesma maneira que o único antecedente conhecido. Todavia, embora a eliminação absoluta de todo elemento adventício seja um limite ideal que não pode ser realmente atingido, é verdade que as ciências físico-químicas e mesmo as ciências biológicas se aproximam o suficiente para que num grande número de casos a demonstração possa ser encarada como praticamente suficiente. Não se dá o mesmo com a sociologia, devido à complexidade muito grande dos fenômenos, somada à impossibilidade de toda experiência artificial. Como não seria possível estabelecer um inventário, nem mesmo aproximadamente completo, de todos os fatos que coexistem no seio de uma mesma sociedade ou que se sucederam no decorrer de sua história, não se pode jamais estar seguro, nem mesmo de maneira aproximativa, de que dois povos concordam ou diferem sob todos os aspectos menos um. As chances de deixar escapar um fenômeno são muito superiores às de considerar realmente todos eles. Por conseguinte, tal método demonstrativo não pode dar origem senão a conjeturas que, reduzidas a si mesmas, estão quase destituídas de qualquer caráter científico.

Mas acontece justamente o contrário com o método das variações concomitantes. Com efeito, para que uma variação seja demonstrativa não é necessário que todas as variações diferentes daquelas que comparamos tenham sido rigorosamente excluídas. O simples paralelismo dos valores pelos quais passam dois fenômenos, desde que tenha sido estabelecido num número suficiente de casos bastante variados, é a prova de que existe entre eles uma relação. Este método deve sua vantagem ao fato de que atinge a relação causal, não do exterior como os precedentes, mas do interior. Não nos mostra simplesmente dois fatos que se acompanham ou se excluem exteriormente (1), de maneira que nada prova diretamente que estejam unidos por um laço interno; pelo contrário, mostra-nos como tais fatos participam um do outro e de maneira contínua, pelo menos no que concerne à sua quantidade. Ora, esta participação é por si mesma suficiente para demonstrar que os fatos em questão não são estranhos um ao outro. A maneira pela qual um fenômeno se desenvolve exprime-lhe a natureza; para que dois desenvolvimentos sejam correspondentes, é preciso que exista também uma correspondência na natureza que manifestam. A concomitância constante é, pois, ela mesma uma lei, seja qual for o estado dos fenômenos que restaram fora da comparação. Assim, para pôr em dúvida tal concomitância não basta mostrar que está contrariada por algumas aplicações particulares do método da concordância ou da diferença; seria atribuir a este gênero de provas uma autoridade que não pode ter em sociologia. Quando dois fenômenos variam, um e outro, regularmente, é preciso manter esta relação ainda que, em certos casos, um dos fenômenos se apresente sem o outro. Pois pode acontecer, ou que a causa tenha sido impedida de produzir o seu efeito pela ação de alguma causa contrária, ou então que ela se encontre presente, mas de forma diferente daquela em que anteriormente foi observada. Deve-se, sem dúvida, tornar a observar ou, como se diz, examinar novamente os fatos, mas não abandonar imediatamente os resultados de uma demonstração regularmente construída.

É verdade que as leis estabelecidas por este processo não se apresentam sempre imediatamente sob a forma de relações de causalidade. Pode a concomitância resultar, não do fato de um fenômeno ser a causa de outro, mas sim de serem ambos efeitos de uma mesma causa, ou ainda de existir entre eles um terceiro fenômeno intercalado e que passou despercebido, o qual é efeito do primeiro e causa do segundo. Os resultados

(1) No caso do método da diferença a ausência da causa exclui a presença do efeito.

aos quais este método conduz necessitam, pois, de interpretação. Mas qual é o método experimental que permite obter mecanicamente uma relação de causalidade sem que os fatos que estabelece tenham necessidade de sofrer uma elaboração pelo espírito? O que importa é que esta elaboração seja metodicamente conduzida e eis de que maneira se poderá proceder. Em primeiro lugar, procura-se, com o auxílio da dedução, saber como um dos dois têrmos pode produzir o outro; depois tenta-se verificar o resultado desta dedução com o auxílio de experiências, isto é, de novas comparações. Se a dedução for possível e se a verificação é bem sucedida, poder-se-á encarar a prova como terminada. Se, pelo contrário, não se percebe entre os fatos nenhum laço direto, sobretudo se a hipótese da existência de tal laço contradiz leis já demonstradas, será preciso procurar um terceiro fenômeno de que dependam os dois outros ou que tenha podido servir de intermediário entre eles. Por exemplo, pode-se estabelecer da maneira mais certa possível que a tendência para o suicídio varia concomitantemente com a tendência para a instrução. Mas é impossível compreender como a instrução pode levar ao suicídio; tal explicação está em contradição com as leis da psicologia. A instrução, principalmente quando reduzida aos conhecimentos elementares, não atinge senão as regiões mais superficiais da consciência; o instinto de conservação, pelo contrário, é uma de nossas tendências fundamentais. Não poderia ser este, pois, afetado por um fenômeno tão afastado e de tão pequena repercussão. Chega-se então a formular a questão: um e outro fato não seriam a conseqüência de um estado idêntico? Esta causa comum é o enfraquecimento do tradicionalismo religioso, que reforça ao mesmo tempo a necessidade de saber e a tendência para o suicídio.

Mas existe outra razão ainda que torna o método das variações concomitantes o instrumento por excelência das pesquisas sociológicas. Com efeito, mesmo quando as circunstâncias lhes são mais favoráveis, os outros métodos não podem ser empregados utilmente senão quando a quantidade de fatos comparados é muito considerável. Não sendo possível encontrar duas sociedades que não difiram, ou não se assemelhem senão num ponto, pode-se pelo menos constatar que dois fatos, em geral, ou se acompanham ou se excluem. Mas para que esta constatação alcance valor científico, é necessário que ela tenha sido feita grande número de vezes; seria necessário estar quase seguro de que todos os fatos foram passados em revista. Ora, não apenas é impossível um inventário tão completo, mas ainda os fatos que são assim acumulados não podem nunca ser estabelecidos com precisão suficiente, justamente porque são numerosos demais. Não apenas arriscamos omitir fatos essenciais e que contradizem os já conhecidos, mas ainda não há certeza de se conhecer a todos estes. Com efeito, por empregarem os sociólogos de preferência o método da concordância ou o da diferença, e principalmente o primeiro, preocupando-se muito mais em amontoar documentos do que em criticá-los e escolhê-los, resultou daí um descrédito de seus raciocínios. É assim que sem cessar vão sendo colocadas num mesmo plano observações confusas e rapidamente feitas por viajantes juntamente com textos precisos de história. Assistindo a tais demonstrações, não se pode deixar de dizer que um só fato seria suficiente para tudo pôr em dúvida, e mais ainda, que os próprios fatos sobre os quais as demonstrações se estabeleceram não inspiram sempre confiança.

O método das variações concomitantes não nos obriga nem a enumerações incompletas, nem a observações superficiais. Para que dê resultados, bastam alguns fatos. Desde que se provou que, num certo número de casos, dois fenômenos variam, um e outro, da mesma maneira, pode-se ter a certeza de que nos encontramos em presença de uma lei. Não havendo necessidade de serem tão numerosos, os documentos podem ser escolhidos e, mais ainda, estudados de perto pelo sociólogo que os emprega. Este não somente poderia, como também deveria, tomar como objeto principal de suas induções as sociedades cujas crenças, tradições, costumes, direito, tomaram corpo em monumentos escritos e autênticos. Sem dúvida, não se desdenham as informações da etnografia (não existem fatos que possam ser desdenhados pelo cientista), mas serão colocadas em seu verdadeiro lugar. Ao invés de transformar a estes em centro de gravidade de suas pesquisas, não os utilizaria, em geral, senão como complemento daqueles que tomaria à história, ou, pelo menos, procuraria confirmá-los por meio destes últimos. Não apenas circunscreveria assim, com maior discernimento, a extensão de suas comparações, mas as conduziria com melhor espírito crítico; pois, por isso mesmo que se prenderia a uma ordem restrita de fatos, poderia controlá-los com mais cuidado. Sem dúvida, não há que refazer a obra dos historiados; mas não se pode também receber passivamente, e de quaisquer mãos, as informações de que tem de se servir o sociólogo.

Porém, não se deve crer que a sociologia esteja em estado de sensível inferioridade diante das outras ciências só porque dispõe de um único processo experimental. Este inconveniente é, com efeito, compensado pela riqueza de variações que se oferecem espontaneamente às comparações do sociólogo e de que não é encontrado exemplo nenhum nos outros reinos da natureza. As mudanças que têm lugar no organismo, no decorrer de uma existência individual, são pouco numerosas e muito restritas; aquelas que é possível provocar artificialmente sem destruir a vida estão também compreendidas dentro de limites estreitos. É verdade que outras mais importantes têm sido produzidas na seqüência da evolução zoológica, mas não deixaram de si próprias senão vestígios raros e obscuros, e ainda mais difícil se torna querer encontrar de novo as condições que as determinaram. A vida social, pelo contrário, é uma seqüência ininterrupta de transformações, paralelas a outras que se produzem nas condições da existência coletiva; e não temos à nossa disposição somente aquelas que se ligam a uma época recente, pois grande número de outras, pelas quais passaram povos hoje desaparecidos, chegaram até nós. Apesar de suas lacunas, a história da humanidade é muito mais clara e completa do que a das espécies animais. Além do mais, existe uma multidão de fenômenos sociais que se produzem em toda a extensão da sociedade mas que tomam formas diversas segundo as regiões, as profissões, as confissões, etc. Tais são, por exemplo, o crime, o suicídio, a natalidade, a nupcialidade, a poupança, etc. Da diversidade destes meios especiais, resultam para cada uma de tais ordens de fatos novas séries de variações, além das produzidas pela evolução histórica. Se, pois, o sociólogo não pode empregar com igual eficácia todos os processos da pesquisa experimental, o único método quase de que se pode servir com exclusão dos outros permite, em suas mãos, resultados muito fecundos, pois, para empregá-lo, encontra recursos incomparáveis.

Contudo, o método não produz os resultados que comporta senão quando praticado com rigor. Não se chega a provar nada se nos contentarmos em mostrar por meio de exemplos mais ou menos numerosos (como acontece com tanta freqüência) que em casos esparsos os fatos variaram de acordo com o que estabelecia a hipótese. Destas concordâncias esporádicas e fragmentárias não se pode tirar nenhuma conclusão geral. Ilustrar uma idéia não é demonstrá-la. O necessário é comparar, não variações isoladas, mas séries de variações regularmente constituídas e, o que é mais, suficientemente extensas, cujos termos se liguem uns aos outros por uma gradação tão contínua quanto possível. Pois as variações de um fenômeno não permitem chegar a uma lei a não ser que exprimam claramente a maneira pela qual ele se desenvolve em circunstâncias dadas. Ora, para tal, é preciso que, entre as mesmas variações, exista seqüência igual à encontrada entre os momentos diversos de uma mesma evolução natural e que, além disso, esta evolução que tais momentos representam seja suficientemente longa para que seu sentido não possa ser posto em dúvida.

III

A maneira pela qual devem ser formadas estas séries difere, porém, segundo os casos. Elas podem compreender fatos tomados ou a uma única sociedade — ou a muitas sociedades da mesma espécie — ou a muitas espécies sociais distintas.

O primeiro processo pode ser, em última análise, suficiente quando se trata de fatos de grande generalidade e sobre os quais temos informações estatísticas suficientemente variadas e assaz extensas. Por exemplo, aproximando a curva que exprime a marcha do suicídio, durante um período de tempo suficientemente longo, das variações apresentadas pelo mesmo fenômeno segundo as províncias, as classes, os *habitats* rurais ou urbanos, os sexos, as idades, o estado civil, etc., pode-se chegar, mesmo sem estender as pesquisas além de um único país, ao estabelecimento de verdadeiras leis, embora seja sempre preferível confirmar estes resultados por outras observações feitas sobre diversos povos da mesma espécie. Não é possível contentarmo-nos com comparações tão limitadas senão quando estudamos algumas das correntes sociais que estão espalhadas em toda a sociedade, embora variando de um ponto para outro. Quando, pelo contrário, se trata de uma instituição, de uma regra jurídica ou moral, de um costume organizado, que é o mesmo e funciona da mesma maneira em toda a extensão do país, e que não se modifica com o tempo, não é possível limitar o estudo a um único povo; pois então não se teria como matéria para verificação senão um par de curvas paralelas, isto é, aquelas que exprimem a marcha histórica do fenômeno considerado e da causa em conjetura, mas somente nesta única sociedade. Sem dúvida, o próprio paralelismo, sendo constante, constitui já um fato considerável, mas não poderia, por si só, constituir uma demonstração.

Fazendo entrar em linha de conta muitos povos da mesma espécie, dispomos já de um campo de comparações mais vasto. Em primeiro lugar, podemos confrontar a história de um com a de outros e ver se, em cada um deles, tomado à parte, o mesmo fenômeno evolui no tempo em função das mesmas condições. Em seguida, pode-se estabelecer comparações entre os diversos desenvolvimentos. Por exemplo, determinar-se-á a forma que o fato estudado toma nas diferentes sociedades, no momento em que chega ao seu apogeu. Como as sociedades são individualidades distintas, embora pertencendo ao mesmo tipo, a forma não é igual em toda a parte; segundo os casos, é mais ou menos marcada. Ter-se-á assim uma nova série de variações que serão aproximadas daquelas que apresenta, no mesmo momento e em cada um dos países, a condição cuja existência se presume. Deste modo, depois de ter seguido a evolução da família patriarcal através da história de Roma, de Atenas, de Esparta, serão classificadas estas mesmas cidades segundo o grau máximo de desenvolvimento que atinge em cada uma delas este tipo familial, e ver-se-á em seguida se também se classificam da mesma maneira com relação ao estado do meio social de que, de acordo com a primeira experiência, parecem depender.

Todavia, este método mesmo ainda não é bastante. Ele não se aplica, com efeito, senão aos fenômenos que tiveram nascimento durante a vida dos povos que se comparam. Ora, uma sociedade não cria totalmente sua organização; em parte, recebe-a já pronta das sociedades que a precederam. O que lhe é assim transmitido não constitui, no decorrer da história, produto de nenhum desenvolvimento seu e, por conseguinte, não pode ser explicado se não sairmos dos limites da espécie de que faz parte. Só os acréscimos que se juntaram ao fundo primitivo e o transformam podem ser tratados desta maneira. Porém, quanto mais nos elevarmos na escala social, mais os caracteres que cada povo formula sozinho vão-se tornando pouca coisa em comparação com os caracteres transmitidos. Esta é, além do mais, a condição de todo progresso. Assim, os elementos novos que, desde o começo de nossa história, introduzimos no direito doméstico, no direito de propriedade, na moral, são relativamente pouco numerosos e pouco importantes, quando comparados aos que o passado nos legou. As novidades assim produzidas não poderiam, pois, ser compreendidas a não ser estudando-se em primeiro lugar os fenômenos mais fundamentais que deles constituem as raízes, os quais, por sua vez, não podem ser estudados senão com o auxílio de comparações muito mais extensas. Para poder explicar o estado atual da família, do casamento, da propriedade, etc., é preciso conhecer quais são deles as origens, quais são os elementos simples que compuseram tais instituições e, sobre tais pontos, a história comparada das grandes sociedades européias, sozinha, não poderia trazer-nos grandes esclarecimentos. Seria necessário ir ainda mais além.

Por conseguinte, para explicar uma instituição social pertencente a uma espécie determinada, serão comparadas as formas diferentes que ela apresenta, não apenas entre os povos desta espécie, mas em todas as espécies anteriores. Trata-se, por exemplo, da organização doméstica? Constituir-se-á primeiramente o tipo mais rudimentar que tenha jamais existido, para seguir depois passo a passo a maneira pela qual progressivamente se complicou. Este método, que se poderia chamar genético, daria de um só golpe a análise e a síntese do fenômeno. Pois, de um lado, nos mostrará em estado dissociado os elementos que o compõem, pela simples razão de indicar como se vão acrescentando sucessivamente uns aos outros e, ao mesmo tempo, graças ao extenso campo de comparações, teria muito mais facilidade para determinar as condições de que dependem sua formação e sua associação. *Por conseguinte, não se pode explicar um fato social de alguma complexidade senão sob a condição de seguir-lhe o desenvolvimento integral através de todas as espécies sociais.* A sociologia comparada não é um ramo particular da sociologia; é a própria sociologia, na medida em que deixa de ser puramente descritiva e aspira a explicar os fatos.

No decorrer destas comparações extensas, comete-se muitas vezes um engano que falseia os resultados. Por vezes, para julgar o sentido que seguem os acontecimentos sociais em seu desenvolvimento, acontece comparar-se simplesmente o que se passa no declínio de cada espécie e o que se produz no início da espécie seguinte. Foi assim que se acreditou poder afirmar, por exemplo, que o enfraquecimento das crenças religiosas e de todo tradicionalismo não podia nunca ser senão um fenômeno passageiro na vida dos povos, porque não aparece senão no último período de sua existência, para cessar assim que uma evolução nova recomeça. Mas, com tal método, expomo-nos a encarar como marcha regular e necessária do progresso o que não constitui senão o efeito de uma causa diferente. Realmente, o estado em que se encontra uma sociedade jovem não é o simples prolongamento do estado a que tinham chegado, em fim de carreira, as sociedades que substitui, mas provém em parte de sua própria juventude que impede que os produtos das experiências feitas pelos povos anteriores sejam todos imediatamente assimiláveis e utilizáveis. É assim que a criança recebe dos pais faculdades e predisposições que só tardiamente entram em jogo em sua vida. É, pois, possível, retomando o mesmo exemplo, que a volta do tradicionalismo, observado no início de cada história, seja devida às condições especiais em que se encontra colocada uma sociedade que se inicia, e não ao fato de que um recuo do mesmo fenômeno não pode jamais ser senão transitório. A comparação não pode ser demonstrativa senão eliminando-se o fator "idade", que a perturba; para chegar a tal, *basta considerar as sociedades que se comparam no mesmo período de seu desenvolvimento.* Assim, para saber em que sentido evolui um fenômeno social, comparar-se-á de que modo se apresenta, durante a juventude de cada espécie, com o em que se torna durante a juventude da espécie seguinte; segundo apresente intensidade maior, menor ou igual ao passar de uma etapa para outra, dir-se-á que progride, recua ou se mantém.

CONCLUSÃO

Podemos resumir os caracteres deste método da maneira que segue:

Em primeiro lugar, é independente de qualquer filosofia. Pois a sociologia, aparecendo a partir de grandes doutrinas filosóficas, guardou o hábito de se apoiar nalgum sistema do qual, então, se torna solidária. É assim que sucessivamente foi positivista, evolucionista, espiritualista, quando, pelo contrário, devia contentar-se em ser unicamente sociologia. Hesitaríamos mesmo em qualificá-la de naturalista, a menos que se queira simplesmente indicar com este termo que os fatos sociais são naturalmente explicáveis; neste caso, porém, o epíteto seria quase inútil, pois significa simplesmente que o sociólogo faz trabalho de ciência e não é um místico. Mas repelimos o termo se lhe derem um sentido doutrinário a respeito da essência das coisas sociais; se, por exemplo, se pretender dizer que estas são redutíveis às outras forças cósmicas. Não cabe à sociologia tomar partido e escolher entre as grandes hipóteses que dividem os metafísicos. Não tem nem que afirmar a liberdade, nem o determinismo. Tudo o que espera que se lhe conceda é que o princípio de causalidade seja aplicado aos fenômenos sociais. E ainda mais, tal princípio é encarado por ela não como uma necessidade racional, mas apenas como um postulado empírico, produto de legítima indução. Uma vez que a lei de causalidade se verifica noutros reinos da natureza e que, progressivamente, foi estendendo seu império do mundo físico-químico ao mundo biológico, e deste ao mundo psicológico, temos o direito de admitir que é igualmente válido para o mundo social; e é possível acrescentar hoje que as pesquisas empreendidas na base deste postulado tendem a confirmá-lo. Contudo, isto não decide a questão de saber se a natureza do lado causal exclui toda contingência.

De resto, a própria filosofia tem todo o interesse em que a sociologia assim se emancipe. Pois enquanto o sociólogo não despe totalmente a roupagem do filósofo, não considera as coisas sociais senão sob seu aspecto mais geral, aquele pelo qual mais se assemelham às outras coisas do universo. Ora, se a sociologia assim concebida pode servir para ilustrar com fatos curiosos uma filosofia, não alcançaria enriquecê-la de pontos de vista novos, uma vez que não assinala nada de novo no objeto que estuda. Na realidade, se os fatos fundamentais dos outros reinos são encontrados no reino social, tal se dá sob formas especiais que fazem melhor compreender a natureza deles, pois constituem sua expressão mais elevada. Porém, para encarar tais formas sob este aspecto, torna-se necessário abandonar as generalidades e entrar nos detalhes. Só assim a sociologia, à medida que se for especializando, fornecerá materiais mais originais à reflexão filosófica. Já o que precede pôde fazer entrever de que modo noções essenciais como as de espécie, de órgão, de função, de saúde, de doença, de causa e de fim se apresentam nela sob aspectos inteiramente novos. Além disso, não faz parte do destino da sociologia dar todo o relevo a uma idéia que poderia muito bem ser a base, não apenas de uma psicologia, mas de toda uma filosofia, a idéia de associação?

Diante das doutrinas da prática, nosso método permite e exige a mesma independência. A sociologia, assim entendida, não seria nem individualista, nem comunista, nem socialista, no sentido vulgarmente dado a estes termos. Ignoraria por princípio estas teorias, às quais não poderia reconhecer nenhum valor científico, pois diretamente não tendem para a expressão dos fatos, mas para a sua reforma. Se a sociologia se interessa por estes aspectos é somente na medida em que vê neles fenômenos sociais que podem auxiliá-la a compreender a realidade social, manifestando necessidades que preocupam a sociedade. Isto não quer dizer, porém, que se deva desinteressar das questões práticas. Nossa preocupação constante, ao contrário, era visivelmente orientá-la de tal maneira que pudesse chegar até a prática. São problemas que a sociologia vai forçosamente encontrar no termo de suas pesquisas. Mas, por isso mesmo que eles não se apresentam senão nesse momento e que, portanto, se desprendem dos fatos e não das paixões, pode-se prever que se devem colocar, para o sociólogo, em termos muito diferentes daqueles em que são colocados pelo vulgo; assim, as soluções — além do mais, parciais — que o sociólogo lhes pode trazer, não coincidiriam exatamente com nenhuma daquelas preconizadas pelos partidos. Mas o papel da sociologia, deste ponto de vista, deve justamente consistir numa libertação com relação a todos os partidos, não tanto opondo uma doutrina às doutrinas, mas principalmente fazendo os espíritos adotarem, diante de tais questões, atitude especial que somente o contacto direto das coisas vai dar à ciência. Realmente, somente este contacto pode ensinar a tratar instituições históricas, sejam estas quais forem, com respeito mas sem fetichismo, fazendo-nos sentir o que oferecem de necessário e de provisório ao mesmo tempo, sua força de resistência e sua variabilidade infinita.

Em segundo lugar, nosso método é objetivo. Está inteiramente dominado por esta idéia de que os fatos sociais são coisas e devem ser tratados como tal. Sem dúvida, sob forma um pouco diferente, este princípio é também encontrado na base das doutrinas de COMTE e de SPENCER. Estes grandes pensadores deram, porém, dele uma fórmula teórica em lugar de o porem em prática. Não bastava promulgá-lo; para que não permanecesse letra morta, era preciso transformá-lo em base de um completo ponto de vista disciplinador que se apoderasse do cientista no momento mesmo em que aborda o objeto de suas pesquisas e que o acompanhasse passo a passo em todas as fases. Foi justamente ao estabelecimento deste ponto de vista disciplinador que nos viemos dedicando. Mostramos como o sociólogo deveria afastar as noções antecipadas que formula a respeito dos fatos para poder encarar estes próprios fatos; como deveria atingi-los por intermédio do exame dos caracteres mais objetivos; como deveria pedir a eles mesmos o meio de se classificarem em normais e mórbidos; como, finalmente, deveria inspirar-se no mesmo princípio para as explicações a tentar, e para a verificação das mesmas explicações. Pois, desde que se tem o sentimento de estar lidando com coisas, não se cogita mais de explicá-las nem por cálculos utilitários, nem por meio de raciocínios de nenhuma espécie. Compreende-se muito bem, então, o afastamento existente entre estas causas e estes efeitos. As coisas são forças que não podem ser engendradas senão por outras forças. Para explicar os fatos sociais, é preciso buscar então energias capazes de produzi-los. As explicações não são apenas diferentes, mas são demonstradas de outra maneira, ou antes, é somente então que se sente a necessidade de demonstrá-las. Se os fenômenos sociológicos não constituíssem senão sistemas de idéias objetivadas, explicá-las seria repensá-las em sua ordem lógica, e este modo de explicação constituiria em si mesmo a sua própria prova; ou, quando muito, poderia haver necessidade de confirmá-lo por meio de alguns exemplos. Todavia, não são senão as experiências metódicas que, pelo contrário, podem arrancar às coisas seu segredo.

Mas se consideramos os fatos sociais como coisas, consideramo-los como *coisas sociais*. Este é o terceiro traço característico de nosso método, que prima em ser exclusivamente sociológico. Foi possível muitas vezes acreditar que estes fenômenos, devido à sua extrema complexidade, ou eram refratários à ciência, ou nela não podiam penetrar senão reduzidos às suas condições elementares, seja psíquicas, seja orgânicas, isto é, despojados de sua natureza própria. Nós, pelo contrário, tentamos estabelecer que era possível tratá-los cientificamente sem nada lhes tirar de seus caracteres específicos. E até recusamos reduzir a imaterialidade *sui generis* que os caracteriza, a essa, todavia já complexa, dos fenômenos psicológicos; com maior razão ainda, recusamos reabsorvê-los nas propriedades gerais da matéria organizada, como faz a escola italiana[1]. Mostramos que um fato social não pode ser explicado senão por outro fato social e, ao mesmo tempo, indicamos como esta espécie de explicação é possível, encontrando no meio social interno o motor principal da evolução coletiva. A sociologia

(1) Mal avisados estavam, pois, os que qualificaram nosso método de materialista.

não é, pois, o anexo de nenhuma outra ciência; constitui ela mesma uma ciência distinta e autônoma, e o sentimento do que a realidade social apresenta de especial é até de tal modo necessário ao sociólogo que somente uma cultura especialmente sociológica pode prepará-lo para compreender os fatos sociais.

Estimamos que este é o progresso mais importante que resta à sociologia realizar. Quando uma ciência está nascendo, somos realmente obrigados, para construí-la, a nos referir aos únicos modelos que existem, isto é, às ciências já formadas. Encerram estas um tesouro de experiências já completas que seria insensato não aproveitar. Todavia, uma ciência não pode considerar-se como definitivamente constituída senão quando tiver conseguido formar uma personalidade independente. Pois não tem razão de ser senão quando apresenta como objeto uma ordem de fatos que as outras não estudam. Ora, é impossível que as mesmas noções possam convir de maneira idêntica a coisas de natureza diferente.

São estes os princípios que julgamos próprios do método sociológico.

Este conjunto de regras talvez possa parecer inutilmente complicado quando comparado aos processos que correntemente estão em uso. Todo o aparelho de precauções a tomar talvez se afigure muito laborioso para uma ciência que, até aqui, não reclamou senão uma cultura geral e filosófica daqueles que a ela se consagravam; e é certo, com efeito, que, posto em prática tal método, não poderia resultar numa vulgarização das coisas sociológicas. Quando, como condição de iniciação prévia, se pede aos indivíduos que se desfaçam dos conceitos que têm o hábito de aplicar a uma ordem de coisas, para tornar a pensar estas coisas de maneira nova, não se pode esperar conseguir uma clientela numerosa. Mas este não é o objetivo que visamos. Acreditamos, pelo contrário, que chegou para a sociologia o momento de renunciar aos sucessos por assim dizer mundanos, tomando o caráter esotérico que convém a toda ciência. O que perderia talvez em popularidade, ganharia assim em dignidade e autoridade. Pois enquanto continuar misturada às lutas partidárias, enquanto se contentar com a elaboração das idéias comuns empregando uma lógica apenas mais elaborada do que a do vulgo e, por conseguinte, enquanto não supuser nenhuma competência especial nos indivíduos que a cultuam, não estará em posição para falar com bastante força e fazer calar paixões e preconceitos. Está seguramente ainda longe o dia em que poderá desempenhar com eficácia este papel; todavia, é para pô-la em estado de o desempenhar um dia que precisamos trabalhar desde agora.

OBRA EXECUTADA NAS OFICINAS DO

INSTITUTO BRASILEIRO DE EDIÇÕES PEDAGÓGICAS

Rua Joli, 294 - Fone: 291-2355 (PABX) - CEP 03016-020
Caixa Postal 285 - São Paulo - Brasil